Anton Rotzetter

Beseeltes Leben

Anton Rotzetter

Beseeltes Leben

Spiritualität im Alltag

HERDER

FREIBURG · BASEL · WIEN

Dieses Buch erschien zuerst unter dem Titel:
„Beseeltes Leben – Briefe zur Spiritualität“,
Verlag Herder Freiburg i. Br. 1986, ²1990.

Neuausgabe 2002

Umschlaggestaltung: Finken & Bumiller, Stuttgart
Umschlagmotiv: © Zefa, H. Kehrer
Alle Rechte vorbehalten – Printed in Germany
© Verlag Herder Freiburg im Breisgau 2002
www.herder.de
Druck und Bindung: fgb · freiburger graphische betriebe 2002
www.fgb.de
Gedruckt auf umweltfreundlichem,
chlor- und säurefrei gebleichtem Papier
ISBN 3-451-27473-5

Vorwort

Das meiste, was sich in unserem Leben ereignet, haben wir nicht geplant. Es ergibt sich einfach.

So ist es auch mit diesem Buch. Es handelt sich um ein Manuskript, das ich im Sommersemester 1986 für die Hörerinnen und Hörer des TKL (Theologiekurs für Laien) geschrieben habe. Der Verlag Herder fand Gefallen daran und entschloß sich, es als Buch herauszugeben.

Aus diesem Entstehungsprozeß heraus sind Inhalt und Form des Buches zu verstehen. Der Inhalt ergibt sich aus der Aufgabe, die ich zu erfüllen hatte: innerhalb eines vierjährigen Theologiestudiums sollte ich das Fach Spiritualität lehren. Dabei ging ich nicht systematisch vor, sondern behandelte mehr fragmentarisch jene Themen, die mir wichtig schienen. Ich bin mir bewußt, daß der Kurs viele inhaltliche Lücken hat.

Da das Studium zum Teil auch als Fernkurs angeboten wird und da ich ohnehin einen persönlichen Stil als für das Fach angemessen halte, wählte ich die Briefform. Die Echos, die ich gerade auf diese persönliche Art bekommen habe, sind durchweg positiv. Ich sah keinen Anlaß, für das Buch eine andere Form zu wählen. Denn auch der Leser des Buches ist ja normalerweise ein einzelner und wird sich durch die direkte Anrede mehr angesprochen fühlen als durch die rein darstellende Form.

Zum Titel: Immer mehr geht mir auf, was das lateinische Wort für „Seele" (anima) besagt: Leben,

Lebenskraft, Lebensinhalt, Lebendigkeit, Dynamik, Energie – das alles verbinde ich mit dem Heiligen Geist, der in Jesus von Nazaret eine faszinierende Gestalt angenommen hat.

Neben meinem Hauptgebiet, der franziskanischen Spiritualität, beschäftige ich mich seit Jahren mit allgemeineren Fragen der christlichen Spiritualität. Die wissenschaftlichen Grundlagen dafür sind greifbar in dem von mir herausgegebenen vierbändigen Werk „Seminar Spiritualität". Auf dieser Grundlage entstanden meine Bücher „Selbstverwirklichung des Christen" und „Gott, der mich atmen läßt". Das vorliegende Buch bewegt sich auf der gleichen Linie.

Es ist mir wichtig, allen zu danken, die am Entstehen dieses Buches mitgewirkt haben: meinen Brüdern vom Kloster Schwyz, die mir durch ihre Geduld und ihr Verstehen, durch ihre Verbundenheit und durch ihr Interesse die Atmosphäre schaffen, die für ein gutes Arbeiten notwendig ist; allen Hörerinnen und Hörern vom TKL, die mich durch ihr Interesse und durch ihr Echo auf diese Briefe ermutigt haben, einen weiteren Kreis anzusprechen; Herrn lic. bibl. Beat Schlauri, Zürich, dem Verantwortlichen des TKL, für die großzügige Freigabe des Manuskriptes; Frau Antonia Creola-Kaiser, Zürich, der Sekretärin des TKL, für die Reinschrift des Manuskriptes; Frau Dr. Elisabeth Hug, St. Gallen, für die nochmalige Bearbeitung des Manuskriptes im Hinblick auf die Veröffentlichung als Buch und für das Lesen der Korrekturabzüge.

Anton Rotzetter

Inhalt

Inhalt

Inhalt

Inhalt

Brief 1

Ich und Jesus Christus

Liebe Schwester, lieber Bruder,

von allen Fächern der Theologie unterscheidet sich das Fach Spiritualität dadurch, daß es das *Konkrete und Existentielle unseres christlichen Lebens* betonen möchte. Es geht da nicht zuerst um objektive Gegebenheiten, sondern um den Menschen, der mit diesen objektiven Gegebenheiten zu leben hat. Spiritualität hat die Aufgabe, das, was in der Theologie objektiv dargestellt wird, in das *Subjektive,* in mein Leben und in Deines hinein zu wenden.

Darum denke ich, daß es angemessen und gut ist, wenn ich eine entsprechende Form der Darlegung versuche: die *direkte Rede, den Brief, in dem ich Dich ganz konkret anrede und mich auch da und dort zu erkennen gebe.*

1. Das Wort „Spiritualität"

Das Anliegen, das ich verfolge, habe ich Dir bereits umschrieben. Doch solltest Du auch etwas wissen über das Wort „Spiritualität". In unserem Sprachraum hat vor etwa 30 Jahren noch kaum jemand davon gesprochen. Es handelt sich um ein

Modewort, das auch heute noch in seinem genauen Inhalt nicht immer festgelegt ist. Wenn Dir also dieses Wort begegnet, im Gespräch oder in einem Buch, mußt Du immer genau hinschauen, in welchem Sinn es gebraucht wird.

Das Fach, das mit diesem Modewort bezeichnet wird, gab es aber unter einer anderen Bezeichnung schon längere Zeit. Man nannte es „Askese", was ungefähr gleichviel bedeutet wie *Üben, Einüben der christlichen Existenz.* Über diesen sicher wichtigen Aspekt werde ich Dir in einem eigenen Brief einiges sagen. Hier genügt es zu sehen, daß mit der neuen Bezeichnung auch eine *Akzentverschiebung* verbunden ist. In der Askese steht *mein Tun* im Vordergrund.

Bei der „Spiritualität" geht es um *den Geist, der mich bewegt.* Denn in diesem Wort steckt das lateinische „spiritus" (Geist). Es kann keinen Zweifel geben, daß damit der *Heilige Geist* gemeint ist, der Geist, der in Jesus war, der gute Geist Gottes. Dieser Geist möchte auch in mir und in Dir zur Grundmelodie und zum Hauptmotiv des Lebens werden.

Es geht also nicht bloß um einige Augenblicke, in denen der Heilige Geist erfahrbar wird. Solche Augenblicke gibt es wahrscheinlich auch in Deinem Leben viele: Momente der Überwältigung durch das Heilige, des Staunens und der Verwunderung mitten im Alltag, der Überraschung und plötzlichen Erregung durch das göttliche Geheimnis, der freudigen Intuition, der beglückenden Inspiration und des qualvollen Fragens. Das alles mag mit dem Heiligen Geist zu tun haben. Solange es aber bei vereinzelten Momenten bleibt, ohne inneren Zusammenhang untereinander, ist in Deinem Leben noch nicht Wirklichkeit geworden, was wir mit Spiritualität meinen. Die Endung „-tas" im lateinischen spiritualitas bezeichnet immer einen *Zustand*. Es geht also um die *Prägung des ganzen Lebens durch den Heiligen Geist.* Du darfst nichts ausklammern: weder Dein kritisches Fragen noch Deine unbewußten Bedürfnisse, weder Dein Inneres noch Deine Beziehungen, weder Deine Gefühle noch Deinen Verstand, weder Dein Bedürfnis nach Distanz noch Deine Sehnsucht nach Nähe, weder Deine Sexualität noch Deine Arbeit, weder Deinen Umgang mit Geld noch Dein Bedürfnis, Bedeutung zu haben und anerkannt zu werden, weder Deine Freizeit noch Dein Engagement für Frieden und Gerechtigkeit. Alles soll zur Einheit werden, in allem eine *Lebensform* deutlich werden, die unverkennbar christlich ist.

Du siehst Dich also schon vom Wort „Spiritualität" vor eine ganze Anzahl Fragen gestellt: Ist Dein Leben eine Einheit, oder zerfällt es in viele Stücke? Hast Du Deine Lebensform schon gefunden, oder zeigt sich so etwas wie eine Lebensform an? Von welchem Geist bist Du bewegt, vom guten oder vom bösen, von Deinem eigenen oder vom Geist Jesu?

2. Das Wort „Frömmigkeit"

Wenn Du das bis heute maßgebliche „Lexikon für Theologie und Kirche" unter dem Stichwort „Spiritualität" aufschlägst, wirst Du dort keinen eigenen Artikel finden, sondern nur die Aufforderung, unter „Frömmigkeit" nachzuschauen.

Halte jetzt einmal inne und höre in Dich hinein: Was vernimmst Du in Dir, wenn Du dieses Wort hörst? Versuch, Deine Gefühle wahrzunehmen. Sind es positive oder negative?

Für mich war dieser Begriff zunächst schwer erträglich. Ich empfand ihn näher bei „Frömmelei" als bei „Spiritualität". Er spiegelte für mich eine Verengung des christlichen Lebens auf einen einzelnen Bereich wider, wenn nicht sogar eine Verfälschung. Dabei ist der ursprüngliche Sinn durchaus ganzheitlich und positiv: *Tüchtigkeit, Trefflichkeit, Tapferkeit* sind die Worte, die man dafür einsetzen müßte.

Das zeigt sich auch im lateinischen Wort *„pietas"*. Zum Begriff Frömmigkeit gehören nämlich gleichzeitig die vier folgenden Aspekte:

Du müßtest erstens, um wirklich „fromm" zu sein, Dein *ganzes Leben auf Gott hin orientieren,* Dich auf Gott hin loslassen, Dich mit ganzem Herzen hingeben, Dich ihm anvertrauen. Alles, was Du tust oder nicht tust, müßte in diese Bewegung auf Gott hin einbezogen sein: der Tag und die Nacht, der Sonntag und der Alltag, die Muße und die Arbeit, das Gebet und die Tat.

Du müßtest zweitens, um wirklich „fromm" zu sein, *leiden können mit den leidenden Menschen und der leidenden Kreatur,* eine Fähigkeit zum Mitleiden entwickeln, die an Jesus Christus erinnert, an sein Leiden am Kreuz. Durch diese Fähigkeit müßtest Du so etwas wie ein Sakrament des Gekreuzigten werden inmitten einer leidenden Welt.

Du müßtest drittens, um wirklich „fromm" zu sein, *konsequent solidarisch sein können mit den Menschen in der Not.* Du müßtest Dich zu Deinem

14

Nächsten hinbeugen, Dich ihm ganz und gar zuwenden, auf eine Weise, die keinen Abstand mehr zuläßt, kein Darüberstehen, kein Von-oben-herab, sondern ganz neben und mit dem anderen lebt.

Schließlich müßtest Du viertens, um wirklich „fromm" zu sein, *alles und jedes in eine universale Versöhnung mitreißen,* müßtest Hand bieten, offen sein, Dich einsetzen für Gerechtigkeit und Frieden. Nichts dürfte ausgeklammert, nichts unterdrückt, nichts an den Rand gedrängt werden. In universaler Weite müßtest Du leben und Dich einsetzen.

Diese vier Aspekte von „Frömmigkeit" habe ich mir natürlich nicht aus den Fingern gesogen. Sie stammen aus der langen abendländischen Tradition, näherhin vom heiligen Bonaventura († 1274), dem großen Franziskanertheologen.

Vielleicht fragst Du Dich jetzt einmal, wo Du angesichts dieser vier Aspekte stehst, welche Gefühle Dich jetzt überkommen. Ich finde, daß man Frömmigkeit in diesem Sinn – aber auch nur in diesem – sehr wohl mit Spiritualität gleichsetzen kann.

3. Aneignung der Heiligen Schrift

Ich möchte Dich noch auf einen dritten Gesichtspunkt aufmerksam machen: Spiritualität steht von ihrer Geschichte her in einem inneren Zusammenhang mit der *Heiligen Schrift.* Das Wort „Spiritualität" ist im Deutschen, wie ich Dir bereits gesagt habe, erst seit etwa dreißig Jahren bekannt, in den romanischen Sprachen vielleicht einige Jahrzehnte länger. Das Wort „geistlich" (= spiritualis im La-

15

teinischen, mystikos oder auch pneumatikos im
Griechischen) ist hingegen so alt wie unsere Sprache und seine theologische Bedeutung so alt wie
die Bibel. Auf diese Bedeutung werde ich im nächsten Punkt eingehen.

Hier möchte ich Dich auf eine tausend Jahre
alte Tradition hinweisen, die erst in der Reforma-
tion zerbrochen ist. Nach dieser Tradition muß
sich *das ganze christliche Leben auf die Bibel beziehen*. Spiritualität war wesentlich *ganzheitliche Aneignung der Heiligen Schrift*.

Ich glaube, daß es auch heute noch wichtig ist,
sich der vier Fragen bewußt zu werden, die dieser
ganzheitlichen Aneignung dienen sollten:

Die erste Frage dürfte selbstverständlich sein:
Du mußt jeweils fragen, was denn der *biblische
Text an und für sich meint*. Es geht in unserem
Glauben um objektive Voraussetzungen, um historische Fakten, um die Geschichte Gottes mit den
Menschen, um Jesus Christus und das, was er be-
wirkt hat, um die Erfahrungen, die bestimmte
Menschen mit Jesus gemacht haben. Das muß zunächst objektiv angeschaut werden. Darum geht es
buchstäblich um den Wort-Sinn. Spiritualität bedeutet *Bindung an das Wort und die Geschichte*.

Mit der zweiten Frage fängt dann die existentielle Aneignung an: Du mußt Dich bei jedem Text
fragen, was er denn mit Dir zu tun hat. Denn es
geht ja um Deinen *Glauben,* um die Frage, ob Du
in diesem Text Dein eigenes Leben wiederfindest,
ob Du den Sinn Deines eigenen Lebens mit diesem
Text besser deuten und verstehen kannst. Spiritualität bedeutet demnach *Sinnerhellung durch die
Heilige Schrift*.

Die dritte Frage ist eng damit verknüpft: Du mußt Dich bei jedem Text fragen, welche Zukunftsperspektiven er für Dich und die Welt enthält, was Dir dabei *Hoffnung* macht, inwieweit er Dich näher zu Gott führt, und wieweit er mehr Menschlichkeit ermöglicht. Spiritualität bedeutet demnach *Eröffnung und Erfahrung von Zukunft*.

Auch die vierte Frage hängt innerlich mit den andern Fragen zusammen: Du mußt Dich bei jedem Text fragen, wozu er Dich ermutigt, was er von Dir fordert, was Du tun mußt, um dem Text eine neue Wirkung zu geben. Denn es geht letztlich in allem um die *Liebe*. Und die Liebe ist konkret und nur im Tun wirklich. Spiritualität ist darum gleichbedeutend mit *konkreter Praxis, mit Handeln, mit konsequenter Nächstenliebe*.

Diese vier Fragen muß jeder Christ stellen, wenn er Christ sein will. Wenn man sie systematisch stellt, dann entstehen daraus die theologischen Fächer (Exegese, Dogmatik, Eschatologie bzw. Mystik und Moral). Die theologischen Fächer haben sich dann immer mehr aufgefächert. Wenn Du diese vier Fragen vor Augen hast, wird Dir jedoch aufgehen, daß alle theologischen Fächer eine gemeinsame Wurzel haben: die Geschichte Gottes mit den Menschen, wie sie im Alten und Neuen Testament zum Ausdruck kommt. Dann wirst Du vielleicht auch erkennen, daß jede echte Theologie etwas mit Spiritualität zu tun hat.

4. Die biblische Grundlage

Ich muß Dich nun endlich mit dem biblischen Fundament der Spiritualität selbst vertraut machen. Es geht letztlich um die *göttliche Lebenskraft,* um *die* „ruach", wie sie im Alten Testament heißt, um *das* „pneuma", wie sie im Neuen Testament bezeichnet wird, um *den* „spiritus", um *den* „Geist", wie man sie in den lateinischen und deutschen Übersetzungen nennt. Beachte bitte die geschlechtlichen Veränderungen, die diese göttliche Lebenskraft in den verschiedenen Kulturen erfährt. Für die heutige Diskussion scheint es mir von großer Bedeutung zu sein, daß die Kultur, in der unser Glaube zuerst Gestalt annahm, in weiblichen Vorstellungen von der Beziehung spricht, die uns mit Gott verbindet. Spiritualität bedeutet *Leben aus der Kraft Gottes.*

Auch im Neuen Testament, wo man ganz neutral vom „pneuma" spricht (pneuma ist sächlich), weiß man noch um die weibliche Dimension Gottes. Im Gespräch mit Nikodemus spricht Jesus von der Notwendigkeit, „aus dem Geist geboren" zu werden (Joh 3). Geboren werden kann man aber nur von einer Mutter, wie schon Nikodemus richtig schließt. Gott ist sowohl Vater als auch Mutter für den Christen: von Gott-Vater ist der Christ gezeugt, aus Gott-Mutter ist er geboren, die ganze christliche Existenz empfängt sich von Gott. Spiritualität will Dir helfen *zu realisieren, daß Du Sohn oder Tochter Gottes bist, ein Mensch, der aus ihm, in ihm und auf ihn hin lebt – wie Jesus, der Mensch, der zuerst und ganz anders als wir aus Gott geboren ist.*

Die Beziehung zu Jesus von Nazaret ist wichtig.

Er ist der geisterfüllte Mensch schlechthin. Er ist,
wie gesagt, zuerst und ganz anders aus Gott geboren als wir. Wir können unsere Geburt aus Gott
nur erleben, wenn wir unter das Kreuz Jesu stehen.
Du kennst die Geschichte, die das Johannesevan-
gelium erzählt (19, 16–37). Es ist wichtig, daß Du
sie aufmerksam betrachtest: Nur wer unter dem
Kreuz steht, darf sich zu Jesus zählen; nur wer sich
für dieses Sterben öffnet, wird erfahren, daß das,
was in Jesus lebte, die ganze Welt ergreifen will
und nun in ihn hineinströmt: nämlich die göttliche
Lebenskraft, die Jesus im Augenblick des Todes
freigibt für alle, die an ihn glauben (die Übersetzungen sind nicht immer ganz richtig: Jesus hat
den Geist nicht aufgegeben, sondern hingegeben);
das geöffnete Herz, aus dem Blut wie Eucharistie und Wasser (für die Taufe) fließt ... Der Tod
Jesu ist darum für das, was wir unter Spiritualität
verstehen, von entscheidender Bedeutung: Wir
sind als Christen durch den Tod Jesu getauft, und
wir als Auferstandene ...

Diese Beziehung zu Jesus wird Dir noch klarer,
wenn Du seine Christusgestalt im Testament des
Glaubens erkennst. Paulus spricht bald vom „In-
Christus-Sein" und bald vom „Im-Geist-Leben".
Er denkt dabei ein und dasselbe. Menschen quali-
fizieren sich auf Gott berufen, wenn sie nicht ihre
innere Verwandtschaft und Vereinigung mit

5. Selbstverwirklichung

Vielleicht ist Dir bei meinen Ausführungen eine Frage immer dringlicher geworden: Können wir denn überhaupt noch so denken? Dürfen wir uns auf Texte stützen, die Tausende von Jahren zurückliegen? Kann uns Jesus überhaupt noch Leitfigur sein? Dürfen wir von uns weggehen, uns so sehr vergessen, daß eigentlich nur noch das maßgebend ist, was in Jesus Christus greifbar wurde? Kommt es letztlich nicht darauf an, daß wir uns selbst verwirklichen?

Ich gebe zu, daß das Wort „Selbstverwirklichung" heute einen breiten Raum einnimmt. Viele lehnen es grundsätzlich ab, weil es – ihrer Meinung nach – einen Gegenentwurf darstellt zum christlichen Glauben und zur christlichen Spiritualität. Ich hoffe nicht, daß Du so grundsätzlich und unterschiedslos ein wichtiges Element unseres modernen Lebensgefühls ablehnen willst.

Ich möchte unterscheiden. Das Wort „Selbstverwirklichung" ist aus sich selbst heraus ja nicht klar. „Selbst" kann sowohl Subjekt als auch Objekt der Verwirklichung sein.

Wenn Selbst *Objekt* ist, dann bedeutet das etwas, was meiner Meinung nach auf der Linie der christlichen Botschaft liegt: Es geht um Dich und um mich, um das, was wir sind, um uns selbst. Dein eigentliches Wesen soll verwirklicht werden. Dein unverwechselbares Du mit allem, was in Dir angelegt ist und was in Dir zur Entfaltung drängt, soll zur Geltung kommen. Dein Selbst sollst Du erleben und erfahren dürfen. Im Neuen Testament steht dafür das Wort „Heil": Wir sollen ganz werden, heil an Seele, Geist und Leib, in all den Dimensionen, die unser Heil ausmachen. Dafür hat sich Jesus eingesetzt, dafür hat er gelebt, deswegen ist er gestorben.

Wenn Selbst *Subjekt* ist, dann muß ich noch einmal unterscheiden. Es kann ja bedeuten, daß ich für mich selbst verantwortlich bin; daß niemand an meine Stelle treten kann; daß ich mich öffnen muß für all das, was in mir verborgen da ist. Ich denke, daß Du mit mir einig gehst, daß auch das von der Bibel gemeint ist. Denn sie spricht ja davon, daß ich hören muß; daß ich empfangen muß; daß ich glauben, hoffen, lieben muß; daß ich umkehren und handeln muß. Ich und Du sind das *personale Gegenüber Gottes;* an mir und Dir vorbei will Gott mein und Dein Heil nicht verwirklichen. Nun kann es aber sein, daß jemand sagt: ich allein schaffe es schon; ich brauche niemanden; ich bestimme selbst, wer ich sein will; ich bin mir selbst Maß und Kriterium; ich verschließe mich der biblischen Erkenntnis, daß ich mich nicht aus eigener Kraft verwirklichen kann. Eine solche Auffassung ist *Sünde, Selbstherrlichkeit, Überheblichkeit.*

Eine solche Auffassung widerspricht auch allen Erfahrungen, die wir als Menschen machen. Du liest jetzt diesen Brief. Daß Du meine Sprache verstehst, die Wörter, die ich benütze, die Sätze, die ich bilde, das Deutsch, das ich spreche – all das ist Dir nur in der Begegnung mit anderen zugefallen: Weil Menschen mit Dir diese Sprache gesprochen haben, weil Du bei ganz bestimmten Lehrern, die Du nicht gewählt hast, in die Schule gegangen bist, weil Du diese Mutter und diesen Vater hattest, durch die Du in diese Kultur hineingeboren bist.

Was Du und ich sind, sind wir zum größten Teil nicht aus uns selbst, sondern durch andere Menschen. Schon auf dieser Ebene möchte ich darum von *Gnade* reden: Daß Du so bist, wie Du bist, ist nicht Deine Leistung, nicht Dein Verdienst, sondern Geschick und Geschenk.

Von dieser Einsicht ist kein weiter Weg zur Erkenntnis, daß ich mein Wesen, mein Selbst in der *Begegnung mit Jesus von Nazaret* entdecke und verwirkliche, und das in einem einmaligen und eigentlichen Sinn. Wenn ich auf meine Lebensgeschichte zurückblicke, dann glaube ich, daß ich heute mehr zu meinem Selbst gefunden habe, mich mehr verwirklicht sehe, als das vor dreißig Jahren der Fall war – und das dank der Tatsache, daß mir Jesus begegnet ist. Und ich hoffe, daß Du dasselbe von Dir sagen kannst oder eines Tages sagen wirst.

Vielleicht brauchen Du und die Menschen, mit denen Du zusammen bist, noch mehr Hinweise dazu, daß es auch heute noch möglich ist, sein Leben von der Bibel her zu verstehen. Drei Nobelpreisträger, Martin Luther King, Mutter Teresa und Bischof Tutu, sind Menschen, die ihre ganze Kraft und ihre Lebensziele in der Begegnung mit Jesus gefunden haben und finden. Der große Martyrer Lateinamerikas, Erzbischof Romero, der sich – „gehorsam bis zum Tod, ja bis zum Tod" (Phil 2,8) durch einen gezielten Schuß ins Herz – für die Rechte seiner Brüder und Schwestern eingesetzt hat, Kardinal Arns, der den Nansenpreis 1985 bekommen hat, und viele unzählige Christen zeigen, daß Selbstverwirklichung sehr wohl etwas mit Christus zu tun hat und mit der Bibel, die ihn bezeugt.

6. Übernahme des Lebenssinnes Jesu

Weiter oben sprach ich – vielleicht etwas unvermittelt – von *Sünde*. Nach dem Neuen Testament besteht die eigentliche Sünde darin, daß man Jesus nicht erkennt, daß man selbstmächtig über das eigene Leben verfügt, daß man den Sinn des Lebens individualistisch begreift und sich auf sich selbst zurückbiegt. Vielleicht hast Du schon einmal von diesem eindrücklichen Bild gehört, das man Jahrhunderte lang für eine solche Lebensauffassung zeichnete: das Bild des „homo in se incurvatus", des Menschen, der auf sich selbst zurückgebogen ist, der sich in sich selbst einnistet.

Demgegenüber spricht die Bibel von einer anderen Möglichkeit. Diese Möglichkeit heißt *glauben,* daß Jesus von Gott her kommt, um uns den Sinn des Lebens und der Welt zu erschließen. Wir können uns einem Anderen anvertrauen, können teilhaben an einem großartigen geschichtlichen Projekt. Jesus nannte dieses Projekt *„Reich Gottes".* Mit ihm zusammen sollen wir dieses Reich suchen und finden, empfangen, herbeiführen, bezeugen. Du darfst Dich verstehen als Mitarbeiter/in Gottes, als Verbündete/r Jesu, als Bruder/Schwester Jesu, als Sohn/Tochter Gottes, als Mensch, der aus Gott geboren ist und darum mit Heiligem Geist erfüllt, um der Welt zu sagen, daß sie eine Zukunft hat, und um an dieser Zukunft zu bauen.

Liebe Schwester, lieber Bruder, ich möchte hier innehalten. Vieles gäbe es noch zu sagen. Doch möchte ich den Mut zum Fragment aufbringen. Vielleicht findest Du selber den einen oder anderen Gedanken, der Dich weiterbringt. Vielleicht liest Du das eine oder andere Buch, den einen oder anderen Artikel. Wissenschaftliche Veröffentlichungen gibt es viele. Wichtig aber ist, daß Du Dich selbst befragst, daß Du existentiell betroffen wirst und in Deiner Lebensgestaltung ein Stück weiterkommst.

Das wünsche ich Dir mit brüderlichen Grüßen.

Brief 2

Der Weg und das Ziel
oder: Askese und Mystik

Liebe Schwester, lieber Bruder,

vielleicht hast Du beim Lesen des 1. Briefes gedacht: Es ist ja gut und recht, Spiritualität so zu beschreiben. Aber was hat das mit mir zu tun? Das ist vielleicht ein Ziel, das ich anstreben kann, nicht aber verwirklichtes Leben. Wenn Du so denkst, bist Du, so glaube ich, bereits auf einem guten Weg.

1. Unsere Erfahrung

Ich möchte zunächst auf eine wichtige Erfahrung eingehen, die die meisten Leute unserer Tage machen, wahrscheinlich auch Du. Wir haben die „Lust an Gott", wie sie in früheren Zeiten selbstverständlich war, weitgehend verloren. Der blaue Himmel, der frische Wind, der Flug der Vögel, die selbstlose Tat, der sonntägliche Gottesdienst – alles vermittelte dem Menschen Gottes Gegenwart. Das Gebet war problemlos. Gott war eben aller Wirklichkeit vorgegeben – und man konnte sich ihm nicht verweigern.

Diese Selbstverständlichkeit Gottes ist heute zerbrochen. Es fehlt uns zum Glauben und zur freudigen Zustimmung zu Gott der gesellschaftliche Halt. Und vieles in der Welt spricht gegen Gott. Jeder muß *sich seinen Glauben erringen.* Durch viele Begegnungen und konkrete, oft mühselige Erfahrungen hindurch müssen wir Gott erst „suchen", „entdecken", „erspüren", „be-greifen".

Mir ist auf diesem Hintergrund sehr wichtig geworden zu sehen, wie die frühen Mönche ihren Lebenssinn mit „Gott suchen" umschrieben haben. Gott war für sie nicht Besitz, sondern wie das Gold, das man mit vielen Abenteuern suchen muß. Darum bist Du nicht weniger fromm, wenn Du auf der Suche nach Gott bist. Hat nicht auch Jakob um und mit Gott gerungen (Gen 32)? Und ist er ihm nicht auf dem Weg, in einer konkreten Erfahrung begegnet? Und hat Hiob nicht geflucht und mit Gott gehadert, als er – geschlagen von Not und Tod – einsam auf dem Miststock saß? Und gibt es nicht viele Psalmen, in denen um Gott gerungen wird, die zwiespältig bleiben, sozusagen in der Schwebe zwischen Fluch und Segen, zwischen Absage und Vertrauen, zwischen Beschwörung und fragloser Zustimmung? Auch das ist in einem echten Sinne fromm, vielleicht sogar mehr als die Selbstverständlichkeit, mit der man früher glaubte und für die man vielleicht allerhand kritische Fragen bereit halten kann.

2. Der christliche Glaube als „Weg"

Wir wären dem konkreten Leben viel näher, wenn wir wieder verstünden, daß Christentum nicht in erster Linie eine Lehre ist, sondern ein *faszinieren-*

der Weg. Ein Weg ist dazu da, daß man ihn geht,
Schritt für Schritt, aufwärts und abwärts, bald
schnell, bald langsam, bald still stehend und ausru-
hend, bald mit kräftigen zielstrebigen Schritten.
(Kennst Du übrigens das Bild „Christus auf der
Rast"? Es ist eines der wichtigsten Andachtsbilder
des Mittelalters: Christus sitzt auf einem Stein,
müde, ohne Kreuz, ohne vorwärtsdrängende Hen-
ker.) Wenn Christentum ein Weg ist, dann heißt
das, daß wir ein Ziel vor uns haben, daß dieses Ziel
aber noch nicht erreicht ist. Es bedeutet: auf dem
Weg bleiben, be-*weg*-lich sein, be-*wegt* von den
Worten und Taten Jesu, eine Be-*Weg*-ung, die in
Gottes schöpferischer Kraft ihren Ursprung genommen hat und nun mit missionarischem Drang
auf die Welt zugeht. Weil man nur auf diesem Um-
weg über die Welt zu Gott gelangen kann. Über die
Weltlichkeit und die Welthaftigkeit unseres Glaubens möchte ich Dir später einiges sagen. Für jetzt
ist es wichtig, daß Du erkennst, daß unser Glaube
ein Weg ist. Er soll ein „Weg zum Leben" (Apg
2,28) sein, zu einem Leben, das man spüren und
greifen kann. *Die Apostelgeschichte spricht von den
„Anhängern des Weges" (Apg 9,2) und meint ganz
offensichtlich die Christen.* Christen sind Menschen, die in der Aus-Weg-losigkeit dieser Welt einen Weg erkannt haben und ihn gehen. Diesen
Weg kann man „verspotten" (Apg 19,23), weil er
nicht ohne weiteres vernünftig erscheint. Obwohl
er vielleicht die einzig mögliche Zukunft für die
Welt und die Menschen, für Dich und mich ist.
Dieser Weg führt unter Umständen zu einem großen Aufruhr (Apg 19,23), weil er nicht so harmlos
ist, weil er eben nicht nur ein Meditationsweg ist,

... das wäre für mich hirche

sondern ein Weg der Weltveränderung. Diesen Weg kann man darum „bis auf den Tod verfolgen" (Apg 22,4), weil er den Konflikt mit den Mächtigen und den egoistischen Interessenvertretern heraufführt, nicht nur am Anfang, sondern bis heute: Romero, M. L. King und viele andere müssen sterben, weil sie den Weg gehen, der auf Jesus zurückgeht. Denn dieser „gerade Weg des Herrn" wird oft und immer wieder durchkreuzt (Apg 13,10). Dieser Weg ist ein „Weg des Heils" (Apg 16,1); er will den Menschen zu seiner vollen Entfaltung führen; er soll ganzheitlich machen. In diesem Weg kann und muß man wohl auch „unterwiesen" werden (Apg 18,25–26); so ohne weiteres kann man ihn nicht gehen.

Jetzt, wo ich diese Stellen aus der Apostelgeschichte zusammentrage, bin ich ganz davon angetan. Die Gedanken springen: Wir denken immer, Spiritualität fände ihren Ausdruck vorwiegend im Knien, also im Beten und im Gottesdienst. Das muß korrigiert werden: Spiritualität findet zu sich im Gehen, in der Bewegung, im Bewegtsein. Ich erinnere mich an einen Mann, der mir einmal gesagt hat: „Wenn ich nicht mehr weiß, was ich tun soll, wenn ich innerlich durcheinander bin, dann mache ich einen Spaziergang. Im Gehen löst sich dann vieles, finde ich zu mir selber, zum Weg, den ich gehen soll."

Vielleicht sollten wir uns auch an *Jesus Christus* erinnern, der mit seinen Jüngern die Wege Palästinas gegangen ist. Er war unterwegs, und im Unterwegssein suchte er den Menschen; im Unterwegssein brachte er den Menschen das Heil. Und er selbst fand sein Inneres unterwegs: auf den

28

Es gibt eine Brücke
von Mensch zu Mensch,
die hat unser Herrgott gespannt,
drauf wandert die Seele zur Seele hin –
und alles hält Gott in der Hand. ...

Dann ist auch die Brücke
ein Weg zu Ihm
und die Freundschaft ist wie ein Seil,
das uns zieht und uns hält
auf den Straße der Welt,
bis sie münden ins ewige Heil!

Isabella Simon, † 2010

Aus: Vom Wesen der Freundschaft. In einer Gedichtsammlung: Lieder des Lebens in Licht und Dunkel. (c) bei der Autorin

FREITAG

6

Paul Miki und Gefährten
Märtyrer in Nagasaki, † 1597
Ged., Rot
Les: Gal 2,19-20/Ev: Mt 28,16-20
Ps 126(125),1-2b.2c-3.4-5.6
G0: **Dorothea**, Jgfr., Märt., † Ende 3. Jhdt.
Alderich, Amandus (Bischof)
Reinhild, Hildegund, Gaston (Vedast)
(Herz-Jesu-Freitag)

**Die mit Tränen säen,
werden mit Jubel ernten. (Kv)**

Bergen, wo er betete; am Grab des Lazarus, an dem er vor Zorn und Traurigkeit erbebte; in Nazaret, wo er die Bibel aufschlug und seine Sendung erkannte; bei Zachäus, bei dem er sich einladen ließ ... Das Unterwegssein gehörte so sehr zu Jesus, daß er selbst als der einzige Weg erkannt wurde, den man als Mensch gehen kann.

Was soll ich Dir Bibelzitate aneinanderreihen? Du siehst: Für die Bibel ist der Weg nicht nur ein wesentliches Motiv, um den Lebenssinn Jesu deutlich zu machen. Der „Weg" ist wohl auch der erste Name, mit dem sich die Christen benannt haben. Ich meine, das sollten wir nicht vergessen. So kämen Glauben und Leben, Spiritualität und konkrete Erfahrung zusammen. Wir würden dann frei werden von der belastenden Vorstellung, jetzt schon vollkommen sein zu müssen. Wir dürften dann heute leben, im Ausgriff auf das Morgen zwar, aber eben in Mühe und Not, im Schweiß und in der Müdigkeit, mit unserem Bedürfnis, still zu stehen und abzusitzen. Wir könnten die Grenzen bejahen, die Schwächen akzeptieren, mit dem Schatten leben – im Bewußtsein, daß morgen auch noch ein Tag ist und daß es genügt, den Weg zu gehen.

Gleichzeitig würden wir auch erkennen, daß wir *auf das Ziel hin offen* sein müssen. Wir dürfen nicht glauben, schon am Ziel zu sein, sondern sollen uns als „Pilger und Fremdlinge" verstehen, als Menschen unterwegs. Nichts ist dem Christentum, so meine ich, so fremd wie die dogmatische Selbstgewißheit, die uns bei einigen Gruppierungen begegnet, und die Unduldsamkeit, mit der viele mit anderen umgehen.

3. Vom Weg zur Methode: Die Askese

Eben habe ich aufgrund einer Bemerkung in der Apostelgeschichte gesagt, daß man den „Weg" des Glaubens nicht ohne weiteres gehen könne. Man muß auf diesen Weg hingeführt werden. Mit anderen Worten: *Christsein kann man lernen.*

In der Bibel spricht man darum von der Notwendigkeit der *Katechese* und der *Predigt* auf der einen Seite und von der grundlegenden Bedeutung, die dem *Hören* zukommt, auf der anderen Seite: „Der Glaube kommt vom Hören" (Röm 10,17). Eine Methode für diesen Lernprozeß hat allerdings die Bibel nicht entwickelt. Eine solche Methode wurde aber bald einmal gesucht. Das liegt nahe. Denn „Weg" kann ja auch Methode meinen. Das griechische Wort, von dem „Methode" abgeleitet ist, heißt etwa soviel wie „nachgehen", einen Weg beschreiten nach bestimmten Regeln und Grundsätzen.

Viele Sätze in der Heiligen Schrift verstehen wir nicht mehr in ihrem ursprünglichen Sinn. Denn sobald das jüdisch geprägte Christentum der griechischen Kultur begegnete, zog es sich auch ein griechisches Kleid an. In dieser Kultur gab es unter anderem das Phänomen der *Askese,* die dem Bedürfnis nach bestimmten Regeln und Grundsätzen entgegenkam. Das Wort ist gleichbedeutend mit „Einübung", mit „Training". Das geschieht auf dem Weg des *Verzichts* und der körperlichen *Abtötung.* Die Christen glaubten, daß sie sich mit den heidnischen Asketen vergleichen, ja daß sie auch – und noch viel mehr als jene – asketisch leben müßten. Und so begannen sie, die Sätze des Evangeliums, die ja, wie ich gern zugebe, sehr radikal tönen, asketisch zu verstehen. Daß sie so gemeint sind, ist damit nicht gesagt. Wie auch immer: die *„asketische Methode"* wurde übernommen, um das Christsein zu lernen. Ich finde es jedoch wichtig zu betonen, daß Jesus kein Asket war. Im Gegenteil: er ließ sich gern von Frauen bewirten, die Füße salben, nahm immer wieder an Festen teil, ließ sich selber einladen, suchte die Gemeinschaft mit den Sündern und Zöllnern, hatte den Ruf, ein Fresser und Säufer zu sein (Mt 11,19), wies seine Jünger an, alles zu essen, was man ihnen vorsetzte (Lk 10,7). Jesus war alles andere als welt-, menschen- und sinnenfeindlich.

Die griechischen Asketen dagegen hatten eine *dualistische Weltanschauung.* Sie glaubten, daß der Mensch in eine fremde und böse Welt hineingeworfen sei: in die Materie, den Leib, die Sinnlichkeit, die Sexualität – das alles sei von einem bösen Gott geschaffen und darum zu meiden. Man müsse auf möglichst alles verzichten, Materie, Leib, Sinnlichkeit, Sexualität hinter sich lassen, um dem guten Gott zu begegnen. Je weniger Leib, umso mehr Geist, umso näher bei Gott – das war die Devise der Asketen.

Ich glaube nicht, daß wir dieses griechische Erbe völlig überwunden haben. Es steckt immer noch in uns und hindert uns, eine echt christliche Spiritualität zu entwickeln. Sie wird nur in dem Maße möglich werden, wie wir die *ganze Schöpfung,* also Materie, Sinnlichkeit, Leib und Sexualität bejahen. Alles ist Ausdruck einer göttlichen Dynamik, Angebot und Möglichkeit, zu lieben, teilzuhaben, zu kommunizieren: „Das Ende aller

Wege Gottes ist der Leib", sagte einmal F. Ch. Oetinger, ein protestantischer Dogmatiker, und ich finde, daß dieser Satz es wert ist, über alle Dächer geschrien zu werden. Es gibt nichts, was in sich böse ist. Es gibt keine ontologische, d.h. seinsmäßige Verbindung des Bösen mit den Dingen. Es gibt nur böses Verhalten, böse Wirkungen, einen bösen Gebrauch der Dinge.

4. Elemente der asketischen Methode

Nun sollte ich Dir einige Elemente der asketischen Methode vermitteln. Denn wenn sie ursprünglich auch aus einer unchristlichen Motivation stammen, können sie uns doch heute noch helfen, Menschen und Christen zu werden. Nur müssen wir uns radikal genug vom dualistischen Weltbild trennen und ein echt human-christliches Fundament haben. Daß es um das Erlernen des Christseins geht, zeigt schon der Ausdruck *„Schule für den Dienst des Herrn"* (Benediktregel, Prolog). Man wollte Schülern eine Methodik des christlichen Lebens zur Verfügung stellen. Diese Methodik nannte man auch „ars spiritualis", eine *geistliche Kunst,* die man in der Werkstatt, d.h. im Kloster lernen konnte. Die Verbindung von Christseinlernen und Kloster wurde in der Folge so wesentlich, daß man bis heute Mühe hat, eine Spiritualität zu formulieren, die nicht heimliche Anleihen bei den klösterlichen Lebensformen macht. So sehr wir uns heute davon lösen müssen, müssen einige Elemente, die da entfaltet wurden, auch heute beachtet werden, wenn wir Menschen und Christen werden wollen. Ich beschreibe sie Dir, losgelöst vom historischen Kontext und auf unsere heutige Welterfahrung hin:

1. *Verzicht und Einschränkung:* Wenn Du Mensch und Christ sein willst, mußt Du Dir Rechenschaft geben, daß die Dinge, die Du gebrauchst, *nicht neutral* sind. Sobald Du die Dinge gebrauchst, ändern sie Dich. Sie machen Dich zu einem völlig anderen Wesen, zu einem ganz anderen Menschen. Und Du mußt Dich entscheiden, ob Du dieser Mensch sein möchtest. Nimm z. B. das *Geld*. Hoffentlich bist Du nicht der Auffassung, daß das Geld in sich die Inkarnation des Teufels sei. Aber neutral ist das Geld ebenso wenig. Es kann dich radikal verändern. Es kann Dein Denken, Deine Gefühle, Deine Vorstellung vom Leben radikal beeinflußen. Du fragst dann nicht mehr, ob Du in einer bestimmten Arbeit Freude empfindest, sondern was Du dabei verdienst. Du stehst dann nicht mehr bewundernd vor dem Wandbehang, den Du gemacht hast, sondern rechnest Dir aus, was Du wohl dafür bekommen könntest. Wen man heiratet, wird dann nicht mehr nach der Intensität der Beziehung beurteilt, sondern danach, ob er oder sie eine „gute Partie" ist. Wenn der objektive Wert des Geldes gesellschaftlich an erster Stelle steht, dann reden wir von „Kapitalismus". Wenn dagegen der subjektive Wert des Menschen im Vordergrund steht, wenn es darum geht, daß der Mensch in seiner Arbeit kreativ, schöpferisch, phantasievoll, glücklich sein kann, dann sprechen wir seit Johannes Paul II. vom „Laborismus". Du mußt Dich also entscheiden, ob Du ein Kapitalist oder

ein Laborist sein willst, ob Du Deine Arbeitskraft verkaufen oder ob Du in Deiner Arbeit glücklich sein willst. Du mußt Dich fragen, was wichtiger ist: das Geld oder Du selbst. Es liegt zum großen Teil in Deiner Hand, welcher Mensch Du sein willst.

Oder nimm das *Fernsehen:* Wenn Du Mensch und Christ werden willst, muß Du Dir Rechenschaft geben, daß das Fernsehen Dich verändert. Es hat bereits die ganze Welt verändert, ebenso uns selbst. Wir geben heute mehr auf das Äußere und weniger auf das Innere. Der Eindruck zählt und nicht das Argument. In dem Maße, wie du das Fernsehen gebrauchst, wirst Du von Bildern geleitet, nicht von Gedanken, von gesellschaftlichen Normen bestimmt, nicht von Deinem Willen. Du wirst unfähig zu kontinuierlichen und schwerfälligen Gedankengängen, zum konzentrierten Gespräch, zum Austausch von Argumenten. Du verlierst allmählich Deine Freiheit, Dein Inneres, Dich selbst – und was schlimm ist, Du leidest nicht einmal darunter. Du mußt Dich entscheiden, welcher Mensch Du sein willst.

Oder nimm das *Auto:* Als Autofahrer bin ich mir bewußt, daß das Auto mich verändert hat. Ich habe ein anderes Verhältnis zu Zeit: Ich kann um 16.00 Uhr in der Innerschweiz einen Kurs beenden und am gleichen Abend im Schwarzwald einen anderen anfangen; ich bin nicht angewiesen auf die Zeiten, die mir der Fahrplan vorgibt, ich kann selbst bestimmen, wie lange ich bleiben und wann ich fahren will. Ich habe ein anderes Verhältnis zu den Dingen: im Auto nehme ich alles mit, was ich möglicherweise brauchen kann, im Grunde genommen immer viel zu viel; ohne Auto beschränke ich mich auf das, was ich unbedingt brauche. Du findest vielleicht noch andere Aspekte. Sicher ist: Es liegt in Deiner Hand, welcher Mensch Du sein willst.

Du mußt Dich entscheiden und einschränken. Auch aus einem anderen Grund. Du mußt Dich auch fragen, ob die Dinge, die Du gebrauchst, Dich von anderen Menschen trennen oder ob sie Dich *solidarischer, menschlicher, brüderlicher/ schwesterlicher* machen. Nimm z. B. die Produkte aus der Dritten Welt: Von vielen wissen wir, daß sie unter ungerechten Bedingungen hergestellt sind und daß die Arbeiter dort nicht einmal das Lebensnotwendige verdienen können. Oder Du mußt Dich fragen, ob Dich der Gebrauch eines Dinges von der *Umwelt* isoliert, in der Du lebst. Der Boden, die Gewässer, die Luft, der Wald werden immer saurer – Du mußt Dich entscheiden, ob Du noch eine Zukunft willst für unsere Kinder.

Im Blick auf Dein eigenes Menschsein, auf die Menschen und auf die Natur bist Du zum Verzicht und zur Einschränkung eingeladen. Du wirst entdecken, daß Du dabei sensibler wirst – auch für Gott.

2. *Rückzug:* Wenn Du Mensch und Christ werden willst, dann mußt Du Dir Rechenschaft geben, wer Du eigentlich bist. Du kannst ersticken im Gedränge der Welt, kannst Dein Gesicht verlieren, die Vision von einer zukünftigen Welt, die Perspektive, die Dich trägt. Du bist mehr als Welt, Arbeit, Geschäft, Partner. Du brauchst Deinen individuellen Raum, die Erfahrung, unaustauschbar zu sein und eine Bedeutung zu haben. Darum

mußt Du Dich immer wieder zurückziehen, um in der Einsamkeit und in der Distanz zu allem Dich selbst zu suchen.

Die alten Asketen haben dafür die Wüste entdeckt. Sie mußten die Grenzen erfahren, die mit Hunger und Durst, mit Einsamkeit und Mangel angezeigt sind. Nur wenn du nichts mehr hast, wirst Du erfahren, wer Du bist.

Mit der Erfahrung der Wüste standen die Asketen aber auch mit dem Alten Testament in Verbindung. Für die frommen Juden war die Wüste die Rückkehr zum Ursprung. In der Wüste hat Gott die Juden zu seinem Volk gemacht. Dort hat er ihnen seine Zuwendung geschenkt und seine Weisung, die Zehn Gebote, gegeben. In der Wüste hat Gott sie zu seinen Verbündeten gemacht. Darum wollten sie immer wieder die Bedingungen der Wüste schaffen: sie fasteten (in der Wüste hatten sie nichts zu essen) und schränkten sich ein im Trinken (wie oft hatten sie unter Durst gelitten), sie ließen ihre Haare wachsen (da gab es ja nichts, womit sie hätten geschnitten werden können). Die äußeren Gegebenheiten sollten an die Wüste erinnern, damit das Innere wieder ursprünglich, neu werde. Ich denke, daß auch heute noch der zeitweise Rückzug zur Erneuerung des Glaubens und des Menschseins beitragen kann.

3. *Geregeltes Leben:* Wenn Du Mensch und Christ werden willst, mußt Du Dich trennen von den chaotischen Tendenzen in Dir. Es ist ja so, daß wir nicht instinktgesichert sind wie die Tiere, die offenbar die Ordnung schon in sich tragen. Als vernunftbegabte Wesen müssen wir uns die Ord-

nung selber schaffen: Normen, an die wir uns halten, Riten, die uns davon entlasten, immer wieder von vorne zu beginnen oder immer spontan sein zu müssen, Gesetze, die Unklarheiten beseitigen, Kanäle, in denen unsere Kräfte fließen können. Darum hat man schon früh nach zeitlichen (die Gebetszeiten der jüdischen Synagoge) und gemeinschaftlichen Ordnungsfaktoren (Ordensregeln) Ausschau gehalten. Ich bin überzeugt, daß jeder Mensch sich sein Leben regeln muß. Wichtig ist jedoch, daß wir sehen, daß die Ordnung dem Leben dienen will. Wo sich die Ordnung zum Selbstzweck erhebt, ist sie vom Teufel. Wo sie sich verselbständigt hat und das Leben verhindert, muß sie einer anderen Ordnung Platz machen.

4. *Meditations- und Gebetsmethoden:* Darüber werde ich in einem anderen Lehrbrief schreiben, muß sie aber hier ganz kurz erwähnen, weil sie die Richtung angeben, in die jede asketische Methode drängt: Gott. Du sollst letztlich mit Gott in Berührung kommen. Denn nur durch ihn und in der Begegnung mit ihm kannst du Mensch und Christ werden. Du wirst Dich also fragen müssen, unter welchen Bedingungen Du Gott begegnen kannst und welches Deine ganz persönlichen Möglichkeiten sind.

5. Mystik

Du erinnerst dich, daß ich vom griechischen Kleid gesprochen habe, das sich das Christentum angezogen hat. Askese und Mystik, die, wie schon die

Sprache verrät, griechischen Ursprungs sind, gehören innerlich zusammen. Askese ist der Weg, Mystik das Ziel.

Diese Ausrichtung wurde nicht immer gesehen. Oft hat sich die Askese verselbständigt, oft verdrängte sie die Mystik, oft schlug sie um in ein düsteres, selbstgerechtes, freudenloses Christentum. Und oft verkehrte sie sich in ihr Gegenteil: Statt zu Gott führte sie in die Welt zurück. Max Weber hat auf dieses Paradox aufmerksam gemacht: Wo viele Menschen sich unter strenger Askese zusammentun, entsteht eine innerweltliche, wirtschaftliche Macht, die man fürchten muß (vgl. die Ordensgeschichte der Zisterzienser). Darum hat sich der Kapitalismus der asketischen Methode bedient, um die größtmöglichen Gewinne zu erzielen.

Die asketische Methode will für die Mystik öffnen. Ich möchte Dich aber jetzt bitten, nicht gleich an Therese von Konnersreuth und die Stigmatisation zu denken oder an die Visionen des hl. Johannes vom Kreuz. Für mich setzt Mystik viel tiefer an. Ich möchte sie verstehen als das *Erleben des Zieles auf dem Weg*. Wo Du Dich glücklich fühlst, wo Du im Anschauen eines Sonnenunterganges alles vergißt, wo Du in der Umarmung eines Menschen das Zeitgefühl verlierst, wo Du mit Dir identisch bist, wo Du eins wirst mit diesem oder jenem Menschen, mit allen Menschen, wo Du aus tausend Grasbüscheln eines wiedererkennst, wo Dir in Gebet, Meditation, Gottesdienst oder in konkreten Menschen Christus „erscheint", wo Dir Gott „evident", „plausibel" erscheint, wo Du seiner Schöpfung froh und frei zustimmst – überall da möchte ich von mystischer Erfahrung reden.

Für solche Erfahrungen will Askese vorbereiten. Mehr kann und darf sie nicht wollen.

Liebe Schwester, lieber Bruder, ich hätte Dir noch vieles über Askese und Mystik zu sagen. Ich werde es in späteren Briefen auch tun. Und immer wieder werde ich gewisse Korrekturen an diesem griechischen Modell des Christseins vornehmen müssen. Für jetzt wünsche ich Dir, daß Du unseren Glauben als Weg erkennst und gehst, daß Du das eine oder andere tust, was Dich zu einer lebendigen Erfahrung des Glaubens führt, und vor allem daß Du das Ziel mitten im Alltag mit allen Sinnen greifst.

Brief 3

Die menschliche Person und die Mystik

Liebe Schwester, lieber Bruder,

was ich Dir im letzten Brief über Mystik gesagt habe, kann natürlich nicht genügen. Da ich das, was mit Mystik gemeint ist, für eine wesentliche Dimension des Menschseins halte, möchte ich mich ausführlicher mit diesem Thema beschäftigen. Wenn Du dabei die Sprache des Evangeliums vermissest, dann ist das natürlich. Denn wie ich Dir bereits gesagt habe, stammt diese Betrachtungsweise aus der griechischen Kultur. Es geht jedoch um ein zutiefst menschliches Anliegen, so daß damit auch ein wesentlicher Aspekt des Evangeliums getroffen ist: Die *Mitte der Person soll von Gott erfaßt werden, und zwar auf der Ebene des Erlebens.* Diese Einsicht darfst Du allerdings nicht absolut setzen. Du mußt Dich bereithalten, diese individualistische Sicht in ein geschichtliches, soziales Projekt aufzunehmen.

1. Das „mystische Existenzial"

Erschrick bitte nicht vor diesem Wortgebilde. Aber hie und da ist es eben wichtig, einen Sachverhalt möglichst prägnant zu benennen. Was ist nun damit gemeint?

Anknüpfend an die Existenzphilosophie bezeichnet der Begriff die Tatsache, daß Du – weil Du Mensch bist – *auf mystische Erfahrung angelegt bist*. Du hast alles in Dir, was es dafür braucht: eine Antenne für die Wellen, die sich zwischen den einzelnen Dingen hin- und herbewegen; ein Gespür für den Abgrund, der sich unter den Dingen auftut; ein Auge für die Weite, die sich jenseits des sichtbaren Horizontes erstreckt; ein Gefühl für das Geheimnis, das in allem gegenwärtig ist; ein offenes Fenster, durch das Du auf Gott schauen kannst.

Mit anderen Worten: Es gehört zum Wesen des Menschen, in die Dinge hinein und hinter die Dinge zu sehen und offen zu sein für das, was mehr ist als Welt. Der Mensch ist offen für Gott, für die Tiefe, bereit zur Begegnung, zum Empfangen und Erleben, zum Überschreiten der Welt, der Situation, des Ich, dessen, was gerade da ist (= Transzendenz).

Damit ist jedoch *nicht gesagt, daß Du nun auch tatsächlich mystische Erfahrungen machst*. Du kannst an den Möglichkeiten vorbeigehen, die in Dir grundgelegt sind. Du wirst nicht automatisch realisieren, d. h. Dir bewußt machen und verwirklichen, wozu Du an und für sich fähig bist. Du kannst Dich sogar verschließen, abkapseln, verhärten. Dann allerdings würdest Du an Deinem eigenen Wesen vorbeigehen. Jemand müßte kommen und dich „von außen" anrühren, aufbrechen, aufrichten. Das wäre dann echte Befreiung, Erlösung. Rühren wir hier nicht bereits an das Geheimnis Jesu, der sich der Verkrümmten und Eingelullten annimmt?

41

Wie dem auch sei: Wenn es wirklich so etwas gibt wie das mystische Existenzial, dann ist damit eine große Aufgabe für Dein Leben in den Blick gekommen: *Du mußt Deine Offenheit für das ganz Andere entdecken,* das sich mit Dir vereinen möchte.

2. Wer ist Gott?

Die Mystik stellt aber nicht bloß die Frage nach unserem Menschsein, sondern auch nach Gott. Ist Gott *der ganz Andere, zu dem es keine Brücke gibt?* Liegt ein unendlicher Abstand zwischen ihm und Dir, so daß überhaupt keine Erfahrungsbasis besteht? Ist Gott ein übermächtiger, alles dominierender Vater, dem Du nichts anderes als Gehorsam schuldest? Ist er es, der allein und ohne Dein Mittun erlöst und befreit, rechtfertigt und heilt? Besteht darum Sünde im Ungehorsam, im Götzendienst, im Gottesersatz?

Oder schlägt Gott, wie die Mystiker sagen, eine Brücke zu uns? Gibt es so etwas wie *Anteilnahme an Gott, Freundschaft mit ihm, Vereinigung, Getragensein, liebende Umarmung?* Kann Gott in der Seele des Menschen geboren und erfahren werden, aufleuchten und erscheinen? Kann Gott seine Kraft und Dynamik dem Menschen mitteilen, und tut er es? Befreit Gott den Menschen zu sich selbst? Und besteht Sünde darum im Abstand zu Gott, in der Gottferne, in der Leere und Nichtigkeit unseres Lebens?

Ich habe diese Gegenüberstellung von D. Sölle übernommen. Wahrscheinlich kann man aber den

Gott der Theologen und den Gott der Mystiker gar
nicht so eindeutig einander gegenübersetzen. Ich
denke, daß beide Anschauungen richtig sind – als
jeweilige Korrektur der anderen. Die Bibel, die die
Grundlage unseres Glaubens ist, spricht von beiden.

Daß wir vor allem auch die Erfahrung der Mystiker ernst nehmen, ist wichtig – gerade im Hinblick auf die Welt, in der wir leben.

3. Die Welt, in der wir leben

Du wirst sicher auch festgestellt haben, daß die
Mystik in der heutigen Gesellschaft gefragt ist. Wir
spüren, daß der heutigen Welt etwas fehlt: die
Liebe, die alles trägt; das Gespür für das Geheimnis, das in allem west. Wir leiden darunter, daß die
Welt dem Abgrund entgegenrast, daß Wissenschaft und Technik die Menschheit zur absoluten
Katastrophe treiben. Viele kümmert das aber
nicht, unbeteiligt sitzen sie vor dem Fernsehen und
lassen die Schreckensbilder gefühllos über sich er-
gießen. Eine große Apathie hat die Menschheit ergriffen, eine Unfähigkeit, am Leiden anderer
teilzunehmen, eine „Unfähigkeit zu trauern", sich
zu freuen, ganz und gar sich und anderen gegenwärtig zu sein.

Andere suchen nach Auswegen. Was irgendwie
nach Be-*Gründ*-ung der Welt aussieht, nach Be-
Heimat-ung der Menschen in einem weltüberstei-
genden Ge-*Heim*-nis, wird akzeptiert und bejaht,
mag es noch so unvernünftig sein. Es läßt mich
nicht ruhig sein, wenn ich viele Menschen auf der

*Insofern
der Mensch Mensch ist,
ist er ein Mystiker*

Die menschliche Person und die Mystik

Flucht vor der Wirklichkeit in eine andere Art von Verderben rennen sehe: in die Magie, in pseudoreligiöse Praktiken (Astrologie), in Sekten und weltfremde Meditationstechniken. Wir dürfen nicht zurückfallen in ein vorkritisches Zeitalter.

Ich will Dir einen anderen Weg vorschlagen: Ich will Dir aus der geistlichen Tradition unseres Glaubens den Weg der Mystik eröffnen und von jenem Gott reden, der nahe ist, Dein Freund und das Herz der Welt. Es ist der Gott, der sich selbst als Freund gezeigt hat in einem historischen Faktum: in Jesus von Nazaret.

4. Die Aufmerksamkeit und die Sinnlichkeit: Meditation

In meinem letzten Brief habe ich Dir bereits gesagt, daß wir die Schwelle zur Mystik nicht zu hoch ansetzen sollten. Insofern der Mensch Mensch ist, ist er ein Mystiker. Nur müssen wir die verschüttete Fähigkeit wieder zurückgewinnen.

Du wirst sicher schon festgestellt haben, daß heute unter dem Wort Meditation sehr vieles und ganz Unterschiedliches angeboten wird. Ich möchte alles Echte und Gute und Geeignete aufgreifen, was unter diesem Namen auftritt. Du mußt Dich fragen, was für Dich ganz persönlich der Weg ist zur verschütteten Erlebniswelt.

Im Grunde mußt Du zwei Dinge beachten: auf der Ebene des Geistes die Aufmerksamkeit und auf der Ebene des Leibes die Sinnlichkeit.

„Sinnlichkeit" tönt in vielen Ohren schlecht. Und doch ist *der Sinn nicht anders als über die*

Die Zeit verweilt lange genug
für denjenigen,
der sie nutzen will.

Leonardo da Vinci, 1452–1519

Natur
S, 45° ober die
Tür

SONNTAG

25

3. Sonntag im Jahreskreis

Grün
Les: Jona 3,1–5.10 / 1 Kor 7,29–31
Ps 25(24),4–5.6–7.8–9 / StG 3. Woche
Bekehrung des Apostels Paulus
Wolfram,
Titus Maria Horten, † 1936
Weltfriedenstag

Zeige mir, Herr, deine Wege,
lehre mich deine Pfade! (Kv)

Sinnlichkeit erfahrbar. Es gibt keine Erkenntnis, die nicht in unserer sinnenhaften Verfaßtheit ihren Anfang nimmt. Das wußten die großen Theologen der Vergangenheit, die daraus ein *Erkenntnisprinzip* machten: omnis cognitio incipit a sensu – alle Erkenntnis beginnt mit der sinnlichen Wahrnehmung – auch die Erkenntnis Gottes. Mit anderen Worten: *Die mystische Erfahrung setzt bei den Sinnen an.*

Du mußt also *Deine Sinne schulen:*

– Das *Auge:* Sehr gute Erfahrungen habe ich mit der Idee von Yoko Ono, der Frau von John Lennon, gemacht, die in der Mitte einer Postkarte ein 5 mm kleines Loch herausgestanzt hat, mit dem Kommentar: A hole to see the sky through – ein Loch, durch das man den Himmel sehen kann. Entdecke durch ein solches Loch den Himmel im Antlitz eines Menschen, in der bunten Farbenpracht des herbstlichen Waldes, in den Sternen am nächtlichen Himmel, im feinen Geäst eines Baumes, in den markanten Bergspitzen des sinkenden Tages … Öffne die Augen, schaue, sieh, betrachte … Ruf mit Gottfried Keller: „Trinkt, o Augen, was die Wimper hält, von dem goldnen Überfluß der Welt". Geh in Museen, Kirchen, Galerien und schau die Bilder an, lange, lerne sie zu lesen wie ein Buch, von links nach rechts. Zeichne und benenne, was Du siehst.

– Die *Nase:* Vielleicht mußt Du die Augen schließen, wenn Du durch einen Garten gehst. Du wirst die Vielfalt der Düfte wahrnehmen. Vielleicht kannst Du verschiedene Räucherstäbchen an einem Weg entlang anzünden lassen und gehst dann – immer mit geschlossenen Augen – den Gerüchen nach. Du wirst erleben, wie intensiv Du die Welt erkennst, wenn Du Deine Nase als Organ entdeckst.

– Die *Ohren:* Auch da machst Du am besten die Augen zu. Höre in die Natur hinein, in den Raum, in dem Du Dich befindest, zuerst in die Nähe und dann immer weiter fort. Höre Musik und versuche, Höhen und Tiefen, verschiedene Rhythmen und Tonfarben, die Instrumente zu unterscheiden.

– Der *Geschmack:* Koste, was Du ißt und trinkst: die Herbheit oder die Süße des Weines, des Apfels, des Brotes. Ich habe schon eine Stunde lang an einem einzigen Apfel gekaut und an einem kleinen Tropfen Wein genippt.

– *Der Tastsinn:* Streiche mit Fingerspitzengefühl über die Rinde eines Baumes, über den Stengel einer Blume, über das Gesicht Deines Freundes/Deiner Freundin. Geh barfuß über eine Wiese, leg Dir selbst einen Weg zurecht, auf dem Du die unterschiedlichsten Empfindungen sammeln kannst.

In dem Maße, wie Du die Sinne schulst, wirst Du mit der Umwelt eins werden. Plötzlich bist dann nicht mehr Du aktiv, sondern die Natur, in der Du Dich bewegst oder das Ding, das Du mit Deinen Sinnen zu erfassen suchst. Plötzlich bist Du dann der Angesprochene, die Betroffene, der mit feiner, aber kräftiger Hand Berührte, die mit zärtlicher Liebe Umfangene. Gegenstände beginnen zu reden, bekommen ein Gesicht, und Du erfährst Dich vor einer Gegenwart, die dich unbedingt angeht. So wie damals Moses, der aus einem Dornbusch heraus hörte: „Ich bin der, der dabei sein wird!" (Ex 3,14) oder wie L. Boff, der beim Schreiben zum Fenster hinaussah auf den Berg, der unmißverständlich Gottes Gegenwart war.

Auf der Ebene des *Denkens* mußt Du vor allem

die *Aufmerksamkeit schulen*. Du weißt ebensogut
wie ich, daß wir heute kaum mehr längere Zeit bei
der Sache bleiben können. Wir sind zerfahren in
unserem Denken, bald hier, bald dort. Die Kon-
zentration fehlt. Das spürt man in der Schule, im
Gespräch zu zweit, in der Diskussion in Gruppen.
Dementsprechend gibt es kaum Ergebnisse. Schon
viele Jahre sind es her, daß Simone Weil „Betrachtungen über den rechten Gebrauch des Schulunter-
richtes und des Studiums im Hinblick auf die
Gottesliebe" verfaßt hat. Sie meint, daß Unterricht
und Schule, Studium und Wissenschaft letztlich
auf die Gottesliebe ausgerichtet sind. Denn hier
werde die Aufmerksamkeit eingeübt, die grundlegende Haltung der Liebe und des Gebetes. Ich
möchte Dir einige wichtige Sätze aus diesen Betrachtungen zitieren: „Zwanzig Minuten einer be-
harrlichen Aufmerksamkeit ohne Ermüdung sind
von unendlich viel größerem Wert als drei Stunden
jenes verbissenen Fleißes mit gerunzelten Brauen,
der uns hinterher mit dem befriedigenden Gefühl
der Pflichterfüllung sagen läßt: ‚Ich habe tüchtig
gearbeitet‘ " (55). Oder ein wenig später: „Die Aufmerksamkeit besteht darin, das Denken auszuset-
zen, den Geist verfügbar, leer und für den Gegenstand offen zu halten, die verschiedenen bereits
erworbenen Kenntnisse, die man zu benutzen ge-
nötigt ist, in sich dem Geist zwar nahe und erreich-
bar, doch auf einer tieferen Stufe zu erhalten, ohne
daß sie ihn berühren" (56). Simone Weil meint,
daß es für jedes Ding eine „eigentümliche Art und
Weise (gibt), die Wahrheit zu erwarten". Jetzt wo
ich Dir schreibe, bedeutet das für mich „eine Art
des Wartens, bis das richtige Wort von selbst aus

der Feder fließt". Diese Aufmerksamkeit bezieht sich natürlich auch auf den Menschen. Mit anderen Worten: die Aufmerksamkeit macht mich fähig, ganz und gar empfänglich zu werden, verfügbar, sensibel, offen. Und dann kann es wiederum geschehen, daß mich ein Gedanke fesselt, eine Sache bannt, ein Mensch fasziniert. In dem Maße wie ich aufmerke, werde ich angesprochen, betroffen, herausgerufen, eins mit der Sache oder der Person, der meine Aufmerksamkeit gilt.

5. Der kritische Punkt des mystischen Erlebens

Ich bin überzeugt, daß Du mir bis dahin gut folgen konntest. Wahrscheinlich erinnerst Du Dich sogar an Erlebnisse, wo Du diese *Wende vom Gegenstand zur Gegenwart* selbst erlebt hast. Vor einigen Tagen bin ich in der Morgendämmerung durch eine bergige Landschaft gefahren: es wurde immer heller, die Umrisse der Berge und Hügel, der Bäume und Häuser wurden immer deutlicher; über alles war ein Schleier weißen Frostes gelegt; der Himmel wurde immer röter, bis die Sonne aufstand und kräftig und doch liebevoll alles umhüllte. Ich wurde froh und war nur noch Zustimmung, Lob und Dank, Gebet. Für etwas anderes war kein Platz mehr: nicht für den Vortrag, den ich ein paar Stunden später halten sollte; nicht für die Menschen, die mich erwarten; nicht für das Autoradio (ich mußte es ausschalten); nicht für andere Gedanken: Ich war total belegt von dem, was ich sah, und von dem, der mir darin begegnete: Gott. Ich fühlte mich hineingenommen in die große Liebesgemeinschaft Gottes, in der die Berge und Hügel, der anbrechende Tag, die Sonne und ich als Brüder und Schwestern eins waren und nicht mehr anders konnten, als Gott zu loben.

Es kann aber auch sein, daß ich im Erleben der Dinge, der Menschen, der Welt zwar total belegt, gebannt und eins mit allem werde und alles um mich herum vergesse, daß ich dann aber auch ganz bei mir bleibe. *Ich kapsle mich ab in meinem Erleben,* statt hinauszutreten und mich zu öffnen für das große Du Gottes, für die Quelle, aus der alles fließt, für das Meer, das alles trägt. Ich verweigere mich letztlich der Einladung, das Erleben zu überschreiten. Ich konsumiere statt mich zu bergen im Herzen der Liebe. Erst im Überschreiten des Ichs dürfen wir von Mystik reden.

Mit anderen Worten: Die Mystik ist eine *Gotteserfahrung:* Gott vermittelt sich durch ein bestimmtes Erleben. Er tritt in unser Leben ein und bietet uns seine Nähe und Freundschaft an. Und indem ich sie annehme, werde ich verwandelt zum liebenden Freund Gottes.

Dabei verlierst Du Dich selbst nicht. In der Mystik geht es nicht um die Vernichtung des Menschen, sondern bloß um die *Vernichtung seiner Ichbezogenheit.* Darum gehört es zu einem Mystiker, daß er ganz bei Gott ist, daß es nichts Schlimmeres für ihn gibt, als von ihm getrennt zu sein. Es gibt herzergreifende Berichte von Männern und Frauen, die das Weggehen Gottes viel schmerzlicher als jeden Abschied empfinden und wie den Tod erleben. Sicher ist, daß sie von der Liebe Gottes dermaßen ergriffen sind, daß sie immer nur ein Wort sagen: Du oder Vater oder Lieber oder Freund ...

Das Gebet ist also ein wesentlicher Bestandteil der Mystik. In diesem Zusammenhang möchte ich auf eine weitverbreitete *Gebetsübung* hinweisen. Sowohl auf der Höhe des mystischen Erlebens als auch auf dem Weg dahin haben die Wüstenväter die sogenannte *ruminatio,* das Wiederkäuen, entdeckt. Es war ihnen wichtiger, bei einem einzigen Wort oder Satz zu bleiben, als viele Worte zu machen. Die Wiederholung bedeutete für sie nie zweimal dasselbe, sondern immer größere Tiefe, immer intensiveres Dabeisein.

6. Orientierung an der Heiligen Schrift

Ein weiterer Punkt ist wichtig. Das mystische Erleben muß sich *orientieren an der Geschichte Gottes mit dem Menschen.* Für sich allein genommen ist das mystische Erleben zweideutig, unklar, der Fehlinterpretation anheimgegeben. Es muß seine Eindeutigkeit von dem Gott her beziehen, der sich in die Geschichte der Menschen hineingegeben hat. Der Gott, den der christliche Mystiker erlebt, ist nicht ein namenloser Gott, sondern der Gott Jesu Christi. Darum bleibt das Alte und Neue Testament immer wieder der Ort, an dem Gott ein Gesicht hat, einen Namen, ein Wort und eine Geschichte.

Wenn man die Geschichte der christlichen Mystiker studiert, wird man entdecken, daß sie sehr bibelfest sind. Ihre Erfahrungsberichte und Zeugnisse sind voll von biblischen Zitaten und von Deutungen biblischer Geschichten. Sie haben sich die Erfahrungen der Bibel angeeignet, sich in ihnen wiedergefunden, mit der Bibel eigene Erfahrungen gemacht. Die *lectio divina,* die geistliche (Bibel-) Lesung gehört darum wesentlich zum täglichen Leben z. B. des Mönches und auch des Mystikers. Seit dem dritten Jahrhundert hat man dazu auch eine besondere Methode entwickelt. Ich habe davon im ersten Brief gesprochen. Mit der Zeit kamen andere Methoden hinzu. Eine von ihnen möchte ich Dir in den einzelnen Schritten kurz vorstellen:

1. *Die Ein-Bildung:* Hier geht es darum, daß Du die historische Distanz zum biblischen Text aufhebst. Du mußt ganz drin sein in der geschilderten Situation, mußt Dich mit dem Ort des Geschehens zusammenbringen („compositio loci"). Das erreichst Du, indem Du Dir die Bilder der Bibel in das Gedächtnis einprägst, sie Deiner Seele ein-bildest, Deine Phantasie aktivierst.

2. Die *Be-Fragung:* Hier geht es darum, daß Du die kritische Distanz zum Erlebten und zum Text wieder zurückgewinnst. Du mußt Fragen über Fragen stellen, weil nur der fragende Mensch eine Antwort bekommt und den Sinn erfaßt. Unter den vielen Fragen mußt Du die richtige Frage herausfinden. Der Möglichkeiten gibt es viele: Wer? Was? Wo? Mit wessen Hilfe? Warum? Wie? Wann? – so fragten die Alten.

3. Die *Zu-Mutung:* Hier geht es darum, daß Du erkennst, daß *Du* gemeint bist, daß der Text mit Dir etwas machen will. Du mußt etwas tun, Dich verändern, Dich auf den Weg machen und im Sinne des Textes handeln. Sonst bleibt der Text nur ein Text. Er will aber Leben werden und eine neue Welt begründen.

Bei dieser Methode ist der ganze Mensch engagiert: seine Phantasie, seine Vernunft und seine verändernde Liebeskraft. Ich würde mir wünschen, daß moderne Meditationsgruppen ebenso kreativ, kritisch und wirkungsvoll wären.

7. Was bei mystischen Erlebnisberichten zu beachten ist

Um der Klarheit willen möchte ich jetzt zusammenfassen: Mystisches Erleben setzt bei der Sinnenhaftigkeit des Menschen an und wird nur dem aufmerksamen Menschen zuteil. Darum muß man beides, Sinnlichkeit und Aufmerksamkeit, schulen. Zudem bleibt das religiöse Erleben mehrdeutig, wenn es nicht durch die biblische Gotteserfahrung benannt wird.

Wenn Du nun – wie viele Menschen unserer Tage – zu Erlebnisberichten von Mystikern greifst, zum Beispiel von Hildegard von Bingen oder von Gertrud von Helfta oder von Heinrich Seuse, dann ergibt sich aus dem Gesagten folgendes:

1. Du darfst nicht fragen: Ist das, was berichtet wird, wahr? Was ist schon Wahrheit? Ist denn etwas, was jemand innerlich erlebt, weniger wahr als das, was ihm von außen begegnet? Frage darum viel lieber: Ist das echt? Sind die Gefühle, die geäußert werden, echt? Oder klingt das Ganze unecht? Lege die gleichen Maßstäbe an wie in der Begegnung mit Menschen von heute. Im religiösen Leben geht es nicht um Wahrheit, sondern um Echtheit.

2. Du mußt damit rechnen, daß die Mystiker ihr Erleben „poetisieren", das heißt sprachlich gestal-

ten. Sie suchen nach Bildern und Gleichnissen, gestalten Gespräche, dramatisieren, kleiden ein usw., um ihr religiöses Erleben mitzuteilen. Du hast immer nur eine literarische Gestalt des Erlebens, nie aber das Erleben selbst vor Augen. Man spürt förmlich, wie die Mystiker aus der Bibel leben und sie in ihr Erleben verweben. Es ist bei weitem nicht so, wie die Mystiker es beschreiben. Heinrich Seuse spricht das ganz deutlich an: „Die Zwiesprache vollzog sich nicht leiblich, noch auch in bildreicher Antwort. Es geschah bloß in Betrachtung im Lichte der Heiligen Schrift, deren Antwort in nichts trügen kann, und zwar so, daß die Antworten entnommen sind entweder dem Munde der Ewigen Weisheit, wie sie im Evangelium gesprochen, oder aber den höchsten Lehrern (= Kirchenvätern: A. R.). Sie bringen entweder dieselben Worte oder denselben Sinn oder aber eine solche Wahrheit, die dem Sinn der Heiligen Schrift entspricht, aus deren Mund die Ewige Weisheit geredet hat. Auch die Gesichte, die hier folgen, ereigneten sich nicht in leiblicher Weise: sie sind bloß ein ausgelegtes Gleichnis" (Vorrede zum Büchlein der Ewigen Weisheit).

Liebe Schwester, lieber Bruder, ich hoffe, daß Dir dieser Brief hilft, Dein Inneres zu pflegen. Vielleicht wirst Du dabei Deine Seele entdecken, Dein Leben und das Leben der anderen. Und davon hängt doch sehr viel ab.

Brief 4

Mystik und Politik, oder:
Das geschichtliche Projekt Gottes

Liebe Schwester, lieber Bruder,

ich nehme an, daß Du meine Darlegungen kritisch liest. Darum wirst Du da und dort Einwände haben, vielleicht auch einiges mißdeuten. Das ist unvermeidlich.

Nachtragen möchte ich, daß es keinen mechanischen, automatischen, notwendigen Übergang gibt vom Bemühen um größere Sensibilität und Aufmerksamkeit zum mystischen Erleben. Das mystische Erleben kannst Du weder planen noch herbeizwingen. Es wird Dir immer nur geschenkt. Wenn Du die Not des Betens und die Mühe der Meditation kennst, weißt Du das. Auf der anderen Seite bleibt aber die Notwendigkeit, sich einzuüben, zu schulen, sich zu disponieren und zu öffnen für das, was sich ereignen kann.

Wichtiger noch als diese Bemerkung ist mir das, was ich zum Thema dieses Briefes machen möchte.

1. Unbiblische und apolitische Mystik

Es ist Dir sicher aufgefallen, daß ich immer wieder vom Evangelium, von der Orientierung am Gott der Bibel und von der griechischen Herkunft der Mystik gesprochen habe. Diese griechische Herkunft ist bis heute sicherlich maßgebend geblieben. Du erinnerst Dich an meine Bemerkung über *das neuplatonische Weltbild,* das wesentlich *dualistisch* geprägt war. Da man die Welt und alles Materielle für Geschöpfe des Bösen hielt, glaubte man damals, daß man Gott nur in der *Weltabgeschiedenheit* finden könne: je weniger Leib und Welt, um so näher bei Gott. Ich bin überzeugt, daß dieser Dualismus bis heute anhält, vielleicht nicht mehr in der radikalen Form, aber nicht weniger wirkungsvoll. Der Rückzug ins rein Innere, Private, Geistige gilt als fromm. Politik ist ein „schmutziges Geschäft" und hat mit Spiritualität nichts zu tun.

An einem Wochenende las kürzlich eine Frau zur Einstimmung folgenden Text: „Ein junger Mensch begegnet Christus. ‚Was muß ich tun?' das ist seine Frage. Doch Jesus macht ihm deutlich: Nicht das ‚Tun', sondern das ‚Lassen' führt zum wahren Leben. Wer loslassen kann, wer sich lösen kann, der wird ge-lassen und kann sich einlassen auf Gottes Geschenk ewigen Lebens." Was meinst Du dazu? Kommt Dir dieser Text irgendwie bekannt vor?

Ich finde den Text als Meditationsübung gut. Er sagt eine große Wahrheit aus: Gelassenheit als Voraussetzung für das mystische Erleben. Gerade eben, bevor ich mich zum Schreiben dieses Briefes hingesetzt habe, habe ich mich so verhalten und alles gelassen. Ich habe auch nicht an diesen Brief gedacht, von dem ich wußte, daß er dann mein Tagewerk sein werde. Und auch Du mußt Dich leer machen, mußt von Deiner Aktivität ablassen, mußt Dich selbst von allem ausräumen, um das

Leben in Dir wirklich spüren zu können. „Vacare Deo", sich leer machen für Gott, das ist ein wichtiges Bemühen, und wir sollten es nie vergessen.

Nur: Der Text beansprucht, eine Wiedergabe von Mk 10, 17–23 zu sein. Es handelt sich dabei um einen Abschnitt des Neuen Testamentes, der wie kaum ein anderer Geschichte gemacht hat: Antonius von Ägypten, der heilige Alexius, Petrus Waldes, Johannes Bonus, Franz von Assisi, Elisabeth von Thüringen und viele andere reiche Männer und Frauen haben daraus die unmißverständliche Einladung, ja Forderung herausgehört, ihren ganzen Besitz zu verkaufen und den Armen zu geben. Wenn du den Text liest, wirst Du feststellen, daß es da tatsächlich um *ökonomische Verhältnisse* geht, um Arme, die nichts haben und die nach Leben schreien, um Reiche, welche die Not der Armen wenden könnten, und um Jesus, der dazu anstoßen will. Der reiche Mann – und wer immer sonst mit ihm gemeint ist: Du und ich – müssen sehr wohl etwas *tun:* nämlich teilen, verkaufen, unseren Anteil geben, Jesus nachfolgen – und alldem vorausliegend: die Gebote halten. Davon ist nicht die Rede in unserem Meditationstext: alles ist vergeistigt, verinnerlicht, privatisiert, individualistisch, unverbindlich – eben ganz schön platonisch.

Und leider sind das nicht nur die Kennzeichen dieses einen Textes. Viele Predigten, Gebete, Meditationen, Gottesdienste, kirchliche Verlautbarungen, persönliche Glaubensüberzeugungen sind ebenso platonisch. Von alttestamentlicher Prophetie und neutestamentlicher Radikalität ist nichts zu spüren. Wo ist denn die Orientierung am histori-

schen Faktum und an dem Gott des Alten und
Neuen Testamentes geblieben?

2. Religion ist immer konkret

Du spürst sicher meine Leidenschaft in diesem
Punkt, und ich hoffe, Du verstehst das. Denn hier
spreche ich von einer der wesentlichsten Erkenntnisse meines Lebens: Mystik und Politik gehören
zusammen. Nur wenn beides da ist, stehe ich auf
dem Fundament der Bibel. Darum muß ich beides
suchen: die personale Zuwendung zu Gott und das
konkrete Engagement in der Welt.

Wenn Du ein *philosophisches* Buch liest, wirst
Du feststellen: Die Sprache ist abstrakt; wenn von
Gott die Rede ist, spricht man vom „höchsten
Seienden", von der „höchsten Idee", vom „Sein
des Seienden", vom „Absoluten", vom „höchsten
Wesen", von „dem, was uns unbedingt angeht";
man fragt nicht nach dem Hier und Jetzt, sondern
nach dem, was immer gilt. Das höchste Ziel der
Philosophie liegt im Theoretischen, im Bereich des
Denkens.

Nicht so die *Religion*. Sicher kennst Du auch
theologische Bücher, die abstrakt sind. Aber die
Theologie ist die wissenschaftliche Art, über die
Religion zu sprechen. Die Religion selbst – bete
die Psalmen, lies das Alte und Neue Testament,
feiere mit anderen zusammen Eucharistie, und Du
wirst es feststellen – spricht konkret von Gott. Er
ist „Vater" und ganz sicher auch „Mutter"; er ist
„König", „Herrscher", aber auch „Freund", „Bruder"; er ist „Herr", aber auch „Knecht". Und die
Verheißungen, die von ihm ausgehen, sind ebenso

konkret: Frieden, Mahl, Fest, Vereinigung der Völker, ein menschliches Land... Alle Begriffe sind aus dem politischen Bereich genommen. Mit anderen Worten: Der mystische (religiöse) und politische Bereich sind sprachlich nicht trennbar. Du kannst zwar unterscheiden, trennen aber darfst Du nicht.

Versteh mich bitte recht: Ich behaupte nicht, daß die Begriffe dem Inhalt nach völlig identisch sind. Das ist ja gerade *die politische Brisanz, daß die Begriffe nicht völlig deckungsgleich sind.* Das bricht den „Status quo" auf: die gesellschaftlichen Bedingungen werden durch den Einfluß der religiösen Erfahrung verändert. Am besten zeige ich Dir das an einem konkreten Beispiel:

Nimm z. B. den Begriff *„Vater":* Du findest ihn fortlaufend in der Geschichte Abrahams und immer wieder auch im Neuen Testament. Ich finde es spannend, wie der Begriff Konturen gewinnt, wie er durch das religiöse Erleben mit neuem Inhalt gefüllt wird und wie er zu einem neuen sozialen Verhalten führt. Da wird Abraham aufgefordert, *sich von den Vätern zu trennen* (Gen 12, 1), und auch Jesus wird dasselbe von seinen Jüngern verlangen (Mk 1, 20). Der Auszug aus dem Vaterhaus und die Trennung von den Vätern ist der Anfang des Glaubens, der Beginn einer neuen Geschichte. Mir kommt dabei auch Franz von Assisi in den Sinn, der mit seinem Vater bricht, um sich ganz und gar auf den Vater im Himmel zu berufen und nur noch aus ihm zu leben. Durch diese Trennung von den Vätern entsteht *eine neue politische Größe:* die Nachkommen Abrahams, die sich dann zum Volk Israel zu-

sammenfinden, die Jüngergemeinde, die dann die
Kirche bildet, die franziskanische Familie, die
auch heute noch weit verzweigt ist.

Es kommt aber noch mehr hinzu: die patriarcha-
lische Autorität wird zuerst theologisch, also vom
religiösen Erleben her, und dann auch gesellschaftlich, also politisch, relativiert. Die Väter
müssen ihre Söhne freigeben, dürfen sie nicht
mehr ihren eigenen Interessen opfern. Abraham
darf das in seiner patriarchalischen Umwelt übli-
che und geforderte Menschenopfer nicht bringen.
Abraham erlebt Gott als einen, der dem Menschenopfer Einhalt gebietet (Gen 22). *Das Vater-
Sohn-Verhältnis wird neu bestimmt.* Das muß auch
seine gesellschaftlichen Folgen haben, die Gesetze
müssen anders formuliert werden. Gott selbst be-
hält sich vor, sich den Söhnen anders zu offenbaren als den Vätern. *Vaterschaft ist Vaterschaft auf
Zeit und ist begrenzt durch die Vaterschaft Gottes.*
Wenn Du das bedenkst, wirst Du die Geschichte
vom barmherzigen Vater (Lk 15, 11–32) vielleicht
ganz neu verstehen. Dir wird dann aufgehen, daß
ein großer Unterschied besteht zwischen den irdischen Vätern und Gott. So wie der Vater in der Geschichte geschildert wird, sind unsere Väter ge-
wöhnlich nicht. Gott aber ist Vater im eigentlichen
Sinn: Er steht auf der Seite der Schuldiggewordenen, der an den Rand Gedrängten, der Armen und
Schwachen, der Verachteten und Gedemütigten,
der von den irdischen Vätern Verstoßenen. Und
die *Vaterschaft Gottes kann sehr wohl gegen die irdischen Väter ins Feld geführt werden.* Die Barmherzigkeit wird auf diese Weise zur politischen
Aufgabe und gesellschaftlichen Forderung.

Das mystische Erleben, die Offenbarung selbst drängt in den politischen Bereich. Ich möchte noch ein zweites Beispiel anführen.

Du kennst sicher die Vision vom *Menschensohn,* wie sie uns im Buch Daniel geschildert ist. Ich hatte lange Zeit Mühe, dieses Buch zu verstehen. Nun hat mir W. Kellner die Augen geöffnet. Im Grunde ist das Buch eine poetische Analyse der politischen Landschaft seiner Zeit. Dabei stellt Daniel fest, daß es in den Gesellschaftssystemen, die er kennt (Persien, Assyrien, Babylonien, Syrien, Griechenland), sehr unmenschlich zu- und hergeht: Der Mensch ist ein gebeugtes, ungerecht behandeltes, geknechtetes Wesen – „homo homini lupus": Der Mensch ist dem Menschen ein Wolf, ein gefräßiges Raubtier. Darum wählt Daniel für diese politischen Gebilde entsprechende Raubtiere, welche die unmenschlichen Bedingungen symbolisieren sollen. Dann beschreibt er das Land der Zukunft, das Land, das man wie den Regen nach langer Trockenzeit „auf der Wolke" erwartet, eine Zukunft, die für den Menschen gut ist. Der Mensch ist darum das Symbol, das für diese ganz andere Zukunft steht. Menschensohn ist also nicht ein Titel, auch keine Person, sondern die Art und Weise, wie sich der Mensch fühlen darf, eben ganz und gar als Mensch. Die Zukunft, die von Gott her in die Geschichte hineingesät ist, ist *eine mystische, menschenwürdige, für den Menschen gute Zukunft.* Du weißt, daß das Neue Testament diese Sehnsucht Daniels aufgreift und mit Jesus verbindet. Mit ihm beginnt diese Zukunft; er will diese neuen Bedingungen verwirklichen, er begründet eine neue Gemeinschaft, in der der Mensch Mensch

Evangelium
vom 5. Sonntag im Jahreskreis

Er heilte viele, die an allen möglichen Krankheiten litten

In jener Zeit ging Jesus zusammen mit Jakobus und Johannes in das Haus des Simon und Andreas. Die Schwiegermutter des Simon lag mit Fieber im Bett. Sie sprachen mit Jesus über sie, und er ging zu ihr, fasste sie an der Hand und richtete sie auf. Da wich das Fieber von ihr, und sie sorgte für sie. Am Abend, als die Sonne untergegangen war, brachte man alle Kranken und Besessenen zu Jesus. Die ganze Stadt war vor der Haustür versammelt, und er heilte viele, die an allen möglichen Krankheiten litten, und trieb viele Dämonen aus. Und er verbot den Dämonen zu reden; denn sie wussten, wer er war. In aller Frühe, als es noch dunkel war, stand er auf und ging an einen einsamen Ort, um zu beten. Simon und seine Begleiter eilten ihm nach, und als sie ihn fanden, sagten sie zu ihm: Alle suchen dich. Er antwortete: Lasst uns anderswohin gehen, in die benachbarten Dörfer, damit ich auch dort predige; denn dazu bin ich gekommen. Und er zog durch ganz Galiläa, predigte in den Synagogen und trieb die Dämonen aus.

Mk 1,29-39

SAMSTAG

7

Vom Tage
4. Woche im Jahreskreis; Grün
Les: Hebr 13,15-17.20-21/Ev: Mk 6,30-34
Ps 23(22),1-3.4.5.6
ElH: **Richard von England,** Vater von
Willibald, Wunibald u. Walburga, †720
Nivard, Coleta, Ava,
Gedenktag in Italien: Sel. Papst Pius IX.
Herz-Mariä-Samstag

Meine Schafe hören auf meine Stimme.

sein darf, er ist selber schon konkreter und ent-
schiedener Anfang: Er ist dem Menschen ein
Lamm (Joh 1,29), seine Jünger sollen den Wölfen
Schafe sein (Lk 10,3): „homo homini ovis" – das
sollten wir auf unsere Fahnen schreiben. Darum
darf man die Verkündigung Jesu und sein Leben
nicht unpolitisch verstehen. Wenn Dir jetzt im
Neuen Testament der Begriff „Menschensohn" begegnet, wirst Du vieles mit ganz neuen Augen sehen, was Dir vorher unverständlich blieb.

3. Die Grundintention der Bibel

Ich bin mir bewußt, daß jetzt ein *qualitativer
Sprung* nötig ist. Denn Du kannst mir sagen: Die
Beispiele, die du nennst, Vater und Menschensohn, haben sicher politische Wirkungen. Aber sie
stehen am Rande der biblischen Verkündigung.
Oder es sind Überlegungen, die – so wie du sie dar-
stellst – plausibel klingen. Aber man könnte es
auch noch anders sehen.

So muß ich also darauf hinweisen, daß es in der
Bibel um *Geschichte* geht, um *Gott, der Geschichte
machen will.* Gott hat die Welt geschaffen und auf
Vollendung hin angelegt. Die Welt ist nicht ein für
allemal fertig. Sie muß aus-gestaltet werden. In
diesem geschichtlichen Prozeß sucht Gott „Ver-
bündete", das Volk Israel, Jesus von Nazaret, die
Jünger Jesu, Dich und mich, alle, die immer wieder
zusammenkommen, um den Neuen Bund zu verkünden und zu feiern. Wir sind Mitarbeiter an einem großartigen Projekt, das Jesus „Reich Gottes"
nannte und für das er ermordet wurde. Gerade

diese Ermordung durch die politische Instanz
zeigt Dir, daß Jesus politisch verstanden wurde. Pi-
latus ließ den sehr politisch klingenden Schuld-
spruch über dem Kreuz stehen: „Jesus von Nazaret, König der Juden" (Mk 15,26).

Natürlich rede ich hier sehr verkürzt und knapp.
Ich müßte Dir jetzt zeigen, daß es – angefangen
von Adam und Eva über Abraham, Isaak und Jakob, über Mose, Aaron und Mirjam, über die Kö-
nige und Propheten bis hin zu Jesus und seinen
Jüngern – immer um das Land geht, das von Milch
und Honig fließt, um die Verheißung, daß das
Kind neben dem Loch der Viper spielen kann, um
ein Reich, in dem die Armen und Gebeugten ihr
Recht erleben, um das Land, in dem der Mensch
ganz und gar Mensch ist und wo kein Dämon mehr
Gewalt hat über ihn, sondern nur noch die Liebe,
die Gerechtigkeit, der Friede – eben alles, was mit
Gott zusammenhängt.

Auf etwas möchte ich Dich aber trotz der gebo-
tenen Kürze noch hinweisen. In der Bibel gibt es
zwei gegensätzliche Geschichtsmodelle: das apokalyptische und das prophetische. Das apokalyptische ist m. E. nicht spezifisch biblisch; es kommt
auch in den außerbiblischen Kulturen vor. Ich
kann es also nicht auf die gleiche Stufe wie das
prophetische stellen, das m. E. der Grundintention
der Bibel besser entspricht.

Das *apokalyptische Geschichtsbild* setzt voraus,
daß Gott den Menschen für die Erreichung seines
Zieles nicht braucht. Er vollendet die Welt allein
und ohne den Menschen, ja wenn es sein muß: gegen den Menschen. In diesem Geschichtsbild
kommt die Welt nicht eigentlich an ihr Ziel, die

Geschichte wird von außen her abgebrochen, in einem Akt des Zornes, des Gerichtes. Es gibt keinen Zusammenhang zwischen der Welt, die Gott beendet, und der Welt, die Gott neu an die Stelle der alten setzt.

Ganz anders das *prophetische Geschichtsbild*. Gott rechnet mit dem Menschen, er wirbt um seine Mitarbeit, er braucht ihn, um seine Welt heraufzuführen. Darum schickt er immer wieder seine Propheten, die das ganze Volk an seine eigentliche Sendung erinnern. Das Volk steht im Bund mit Gott, um eine Welt zu bauen, die gut ist für den Menschen. Die neue Welt ist die Frucht eines Zusammenwirkens von Gott und Mensch, von Ihm und Dir.

Das apokalyptische Weltbild macht Angst. Um Angst zu haben, brauche ich die Bibel nicht, ich habe genug Angst angesichts der Möglichkeit, daß die ganze Welt zusammenbricht. Aber ich brauche die Bibel, um Mut zu fassen in einer apokalyptischen Welt, um mich einspannen zu lassen für das große Projekt des Reiches Gottes. Daran will ich glauben und auch Dich einladen, mit mir und den vielen und vor allem mit Gott die Zukunft zu bauen, die wir für unser Menschsein brauchen.

4. Ein neuer Transzendenzbegriff

Ja, Gott selbst baut mit an der Zukunft, die gut ist für alle Menschen. Und zwar nicht als jemand, der weit weg, jenseits der Wolken thront, und da einen Knopf drückt und dort einen anderen. Nein, er ist beteiligt mit Gefühl und Leidenschaft, mit Herz und Seele, mit Einsatz und Todesmut. Er verbindet sich „wesentlich", auf eine „substantielle Weise" mit dem Menschen, mit uns, die wir Geschichte erleiden und Geschichte machen. In unserem Bruder Jesus von Nazaret wird er zum *handelnden Subjekt unserer Geschichte*.

Die Menschwerdung Gottes gehört zu den Grundeinsichten unseres Glaubens. Ich bin als Kapuziner in besonderer Weise Franz von Assisi verbunden, der über dieses Geheimnis staunte und es in die Mitte seines Lebens stellte. Das verpflichtet mich fortwährend, darüber nachzudenken. Dabei zeigt sich mir Gott auf eine ganz neue Weise. Ich muß ihn dort suchen, wo er sein will: in den Menschen, die mir begegnen, in sozialen Begebenheiten, die uns Mühe machen.

Mit anderen Worten: Du darfst Gott nicht mehr in der Weltabgeschiedenheit suchen, nicht mehr außerhalb der Welt, nicht mehr in der unendlichen Weite und Ferne, sondern in unserer konkreten, handgreiflichen Welt. Du mußt ihn „außerhalb der Stadt", bei den Abgewiesenen und Verbannten suchen, „weil in der Herberge kein Platz war" (Lk 2, 7). Du findest ihn in Nazaret (Joh 1, 26), bei den Hinterwäldlern, von wo doch nichts Gutes herkommen kann, im „heidnischen Galiläa", im „Volk, das im Dunkeln lebt" (Mt 4, 15), bei all diesen – wie du vielleicht meinst – gottverlassenen Menschen, die nichts glauben, nichts erkennen, nichts wissen. Du mußt ihn suchen bei denen, die nichts haben, „wo sie den Kopf darauf betten können" (Mt 8, 20), bei den Obdachlosen und Vagabunden. Du wirst ihn entdecken können bei den Zöllnern (Kollaborateuren), bei den Prostituier-

ten, bei allen, die nicht nach den geltenden Moral-
vorstellungen leben (Mk 2, 15). Du mußt ihn suchen bei den Kleinen und Geringgeachteten, den
Nackten, Hungrigen, Gefangenen, Kranken (Mt
25, 31–46), bei den Fremden (Lk 24, 13–35), bei den
Garten- und anderen Arbeitern (Joh 20, 11–18), bei
den durch die Staatsgewalt Gefolterten, Ange-
spuckten, Geopferten, Ermordeten, denen Jesus
gleich geworden ist.

Als Zusammenfassung kannst Du das zweite
Kapitel im Philipperbrief wieder einmal lesen. Es
ist der Schlüssel für ein neues Verständnis des mystischen Erlebens, für eine Gotteserfahrung, die
sich mit den Erfahrungen der Welt verbindet. Ein
Zurück hinter die „Entäußerung Gottes" darf es
für Dich und mich, für uns Christen nicht mehr geben: Gott wirst Du nur bei denen finden, die Geschichte erleiden und Geschichte machen. Zum
Abschluß möchte ich Dir ein Zeugnis politischer
Mystik bzw. mystischer Politik zum Bedenken geben:

„Fürchte Dich nicht vor IHM
Er ist ein Weib, alt und runzelig und nach Wein
    riechend
mit Turnschuhen und zerrissenem Pullover und
einer brüchigen, zerrissenen Handtasche
Und raucht eine eben gedrehte Zigarette
Fürchte Dich nicht vor seiner Sprache
Oder seinem Aussehen
Oder seinem Geruch
Er ist dein Gott"

„Wo ist Er heute?
Er ist schwarz und geprügelt
zu einem Klumpen auf einer Straße in Mississippi
Er fällt von einem Toilettensitz

tot
mit Einstichen in seinen Armen
Er steht in einer Ecke, weingetränkt
Er wird eingeliefert als ‚ledig‘
in die Geburtshilfe-Station eines Stadtkrankenhauses
Er ist zwanzig Menschen, die in einem Zimmer
    zusammenwohnen
Er ist zehn Menschen, die in einer Hütte in den
    Appalachen leben
Er ist all dies und
mehr.“

(C. W. Jones, in: Cassidy, 120 und 126)

    Liebe Schwester, lieber Bruder, dieser Text hat mir schon einmal in einer sehr konkreten Situation geholfen, das Antlitz Gottes zu sehen. Vielleicht kann er auch Dir etwas bedeuten.

Brief 5

Die Liebe zur Wahrheit
und die Wahrheit der Liebe

Liebe Schwester, lieber Bruder,

Du könntest mir entgegenhalten: Das mit der mystischen Politik und mit der politischen Mystik
sind zu hohe Worte. Worte, die unser heutiges Leben nicht recht deuten können. Ich müßte Dir
dann erwidern, daß unser Leben – sofern es sich
als christlich versteht – nicht aus sich selbst heraus
erklärbar ist. Als Lehrer der Spiritualität muß ich
das grundlegende Deutungsmuster aufzeigen, das
Wasserzeichen, das unser alltägliches Leben prägen soll. Nur so können wir ausbrechen aus einem
bloß humanistischen Menschenbild und aus einem verbürgerlichten Christentum, das immer nur
seine eigene Banalität feiert.

1. Sich brauchen lassen

Wir sind ganz entschieden auf die Bibel verwiesen:
auf die Grundintention Gottes, eine Welt heraufzuführen, welche für den Menschen gut ist; auf die
Botschaft vom „heruntergekommenen Gott", der
uns für die Liebe engagiert.

Nachdem ich meinen letzten Brief geschrieben
habe, ist mir ein Gedicht von W. Bruners in die

Hände gefallen, das mir nochmals bestätigt, was
ich Dir zu sagen suchte: Gott ist nicht dort zu suchen, wo er nicht sein will, nicht im Himmel, sondern hier auf Erden. Und das hat seine Konsequenzen sowohl für Dein Gebet als auch für Dein
Handeln. Ich möchte Dir dieses Gedicht zur Meditation empfehlen.

„du bist
auch nicht mehr
der alte
gott
früher
– haben sie
erzählt –
warst du
umgeben von
himmlischer
herrlichkeit
vom dreimal
heiligderheere
von den kniefällen
der reinen
heute
– höre ich sagen –
bist du
herausgepreßt
aus dem blutigen
mund
liegst bei vieh
und unreinen
bewacht von
zwielichtigem
volk
an wen
sollen wir
uns halten
wenn du
haltlos

geworden und
unten
in welche
richtung
gehen unsere
verbeugungen
wenn dein thron
leer und
der weihrauch
verdampft
an den
stallgeruch
gewöhnen wir
uns schlecht
und einen ins
fleisch gefahrenen
gott
legen sie aufs
kreuz
ich entdecke
nur einen
vorteil:
ich muß mich
vor dir
nicht mehr
kleinmachen
gott
heruntergekommener"

(Alltag und Spiritualität, 32).

Vergleiche dieses Gedicht mit den mystischen Texten, mit denen ich meinen letzten Brief beendet habe. Du wirst die innere Übereinstimmung spüren. Auf ein Wort im Text von Jones möchte ich Dich aber doch besonders aufmerksam machen: „Er ist all dies und mehr". Mit anderen Worten: Er ist immer noch mehr als dieses oder jenes Gesicht. Ich darf das Konkrete nie absolut setzen. Ich muß nach wie vor in Distanz zur Welt, zur Aktivität...

gehen, um diesem *„Überfluß"* *Gottes* gerecht zu werden. Aber ich muß mich immer wieder bekehren zu diesem „heruntergekommenen Gott" und ihn im Konkreten suchen.

In der geistlichen Tradition, in Tagebüchern, Lebensberichten und Zeugnissen von Heiligen stößt man immer wieder auf den Ausdruck *„zweite Bekehrung"*. Ich habe diesen Ausdruck bei Madeleine Delbrêl, bei Teresa von Avila, bei Heinrich Seuse, bei Ignatius von Loyola und bei Martin Luther gefunden. Und ich glaube, daß alle dasselbe meinen. In einer ersten Phase haben sie Gott weltjenseitig gesucht, rein privat und individualistisch. Sie brauchten Gott, um ihr Leben und die Welt zu erklären, nicht um die Welt zu verändern. Mit der Zeit, meistens um die 40 herum, entdeckten sie dann Gott im Diesseits der Welt, in den sozialen Ereignissen und in den Begegnungen. Die Welt war ihnen nicht mehr gleichgültig. Sie erkannten, daß Gott sie brauchen wollte, um die Welt zu verändern. Wenn es Dir gelingt, zur Einsicht durchzubrechen, daß Gott Dich braucht, um den Menschen Frieden und Heil erfahrbar zu machen, daß er Dich für das Reich Gottes engagiert, dann bist Du ein „mündiger Christ" geworden. Du bist zum Eigentlichen durchgestoßen.

2. Christliche Meditationsbilder

Du darfst nicht glauben, ich sei der Meinung, daß Gebet und Meditation als gesonderte Vollzüge sinnlos geworden sind. Im Gegenteil: ich bin für möglichst lange und stets wiederkehrende Meditationszeiten. Ich werde gleich davon reden. Hier möchte ich mich aber ganz klar von der Flut der „schönen" Meditationsbücher und von der Auffassung, die dahintersteht, distanzieren. Wer immer nur schöne Bilder anschauen will, steht nicht auf christlichem Boden. Du darfst einen Sonnenuntergang und eine Schneeflocke bestaunen und bewundern, Du sollst dabei außer Dich geraten und Gott anbeten. Aber Du mußt auch dem Schrecklichen ins Gesicht schauen können, Du mußt Blut und Tränen meditieren, Schweiß und Mühe, aufgedunsene Bäuche, zerschundene Leiber, einzelne Penner und ganze Elendsquartiere. Auch und gerade das *Häßliche* dieser Erde ist durch die Menschwerdung Gottes zum Meditationsgegenstand geworden. Du mußt nur einmal an die vielen Bilder denken, die unsere christliche Tradition bestimmen: das Kreuz, der Kreuzweg, Christus auf der Rast, die Pietà. Nur haben wir uns leider an diese Bilder gewöhnt, haben sie vom Leiden der Welt isoliert. Dabei sollten sie uns sensibel machen für das Leiden der Menschen. Wir sollten fähig werden, Anteil zu nehmen, mitzuleiden, und daraus die Kraft gewinnen, die Not zu wenden, zu helfen, und andere, menschenwürdigere Bedingungen für alle Menschen zu schaffen.

3. Die Liebe zur Wahrheit

Dabei mußt Du aufpassen, nicht alles zu verzwekken. Du brauchst jene Zeiten, in denen Du nichts anderes als die Wahrheit Deines Lebens suchst. Vielleicht müßte ich hinzufügen: Je unverzweckter

Du die Wahrheit suchst, um so fruchtbarer und um so wirksamer wird sie dann auch sein in Deinem konkreten Handeln.

Vor Jahren habe ich ein Buch über die Kontemplation von Wilhelm von St. Thierry, einem Zisterzienser aus dem 12. Jahrhundert, gelesen. Ich habe darin viel gefunden, das einmalig gesagt ist und auch heute noch zu bedenken ist. So auch den folgenden Satz, den ich nie mehr vergessen will: „Wir werden zu euch (Wilhelm spricht hier zu den Sorgen, Ängsten, Mühen, Lasten, Versklavungen des Menschen, als ob sie Personen wären) zurückkommen, nachdem wir angebetet haben. Wir werden zurückkommen, und wirklich: so schnell wie möglich werden wir zurückkommen. Die *Liebe zur Wahrheit* (Caritas veritatis) führt uns von euch weg, aber die *Wahrheit der Liebe* (Veritas caritatis) verträgt es nicht, euch zu vergessen und zu verleugnen. Aber wenn eure Not uns zurückruft, darf doch jene Sanftheit nicht gänzlich unterbleiben".

Es geht also um die Liebe zur Wahrheit: um die Wahrheit Deines Tuns und Deines Lebens, um die Wahrheit Deiner Ziele und Methoden, um die Wahrheit Deiner Sprache, Deines Glaubens und Deiner Liebe. So viele tun aus bestem Willen das Falsche. Sie müßten sich an der Wahrheit orientieren, wie sie uns in der Menschwerdung Christi aufleuchtet. Sie könnten sich bekehren, wenn sie aus Liebe zur Wahrheit mehr meditierten. Ich möchte Dir aus einem Bericht von Mario Vargas Llosa, einem der bedeutendsten Romanciers Lateinamerikas, zitieren: „Es war in Santa Maria de Nieva, einem kleinen Dorf, wo sich in den fünfziger Jahren mit einer Mission Nönnchen niedergelassen und eine Schule für die Mädchen der Indiostämme aufgemacht hatten. Da diese aber nicht freiwillig kamen, wurden sie mit Hilfe der Guardia Civil angeschleppt. Nach einer gewissen Zeit in der Mission hatten einige dieser Mädchen jeden Kontakt mit ihrer familiären Umwelt verloren und konnten den Anschluß an das Leben, aus dem sie herausgerissen worden waren, nicht mehr finden. Was geschah mit ihnen? Sie waren für die Vertreter der ‚Zivilisation', die in Santa Maria de Nieva vorbeikamen – Ingenieure, Militärs, Kaufleute – als Dienstmädchen bestimmt. Dramatisch an der Geschichte war, daß die Missionarinnen die Folgen dieser Operation nicht nur nicht sahen, sondern noch heroische Entbehrungen auf sich nahmen, um sie durchzuführen. Sie lebten unter äußerst harten Bedingungen. Während der Monate, da die Flüsse Hochwasser führten, waren sie praktisch völlig isoliert. Daß man mit den besten Absichten der Welt und auf Kosten von grenzenlosen Opfern soviel Schaden anrichten kann, ist mir damals klar geworden. Diese Lektion habe ich noch heute immer präsent. Sie hat mir gezeigt, wie vage die Grenze zwischen Gut und Böse ist und wieviel Vorsicht nötig ist, um menschliche Handlungen beurteilen und Lösungen für soziale Probleme bestimmen zu können, will man verhindern, daß die Heilmittel schädlicher als die Krankheit werden" (Zürcher Tagesanzeiger-Magazin vom 5. Mai 1984, 16).

Nur wenn Du Dich in der Meditation, die sich an Jesus Christus orientiert, sensibel gemacht hast für den Menschen, wirst Du diese Vor-Sicht haben können und Dein Handeln auf dem Boden der Wahrheit ansiedeln. Nur wenn Du Dir das Menschenbild verinnerlicht hast, von dem die Bibel spricht, kannst Du dem Menschen, dem Du begegnest und mit dem Du zu tun hast, gerecht werden. Nur wenn Du in der Meditation die Träume, Visionen, Verheißungen, Perspektiven des Alten und Neuen Testaments vergegenwärtigt hast, kannst Du auch die Dynamik und visionäre Kraft entwickeln, die Du in Deiner Aufgabe brauchst.

4. Die Wahrheit der Liebe

Nun ist es aber wichtig, daß Du auch die andere Seite siehst. Wenn Du Dich zurückziehst – und Du mußt es immer wieder –, um zu meditieren und zu beten, dann darf nicht das große Vergessen über Dich kommen. Du mußt von vorneherein eine Rückfahrkarte lösen. Denn die Wahrheit der Liebe, die Du in der Meditation empfängst und vielleicht oft auch fühlst, ereignet sich allein in der Welt. Du magst noch so große Erhebungen und Ekstasen haben, magst ganz und gar von der Liebe durchglüht sein, dem Eisen im Feuer vergleichbar – ob Deine Liebe wahr ist, zeigt sich in der Art und Weise, wie Du auf die Welt zugehst, wie Du sprichst, was Du tust, wie Du es tust. Magst Du den Besuch des Erzengels Gabriels bekommen, Du mußt ihn verlassen, um dem armen Menschen Gesellschaft zu leisten, wenn er an Deine Türe klopft. Denn maßgebend ist nicht der Erzengel, sondern der Mensch, wie man in alten geistlichen Anweisungen immer wieder lesen kann. Du magst in der biblischen Betrachtung Höhenflüge machen, Du mußt, wenn Du nichts anderes hast, die

Bibel verkaufen, um den Armen zu helfen. Denn es ist besser, zu tun als bloß zu lesen, was in der Bibel steht (Franziskus). Du magst mit aller Devotion vor dem Marienaltar knien, Du mußt, wenn es für die Armen nötig sein sollte, den Schmuck des Altars verschenken. Denn Maria hat mehr Freude an Taten als an Betrachtungen (Franziskus). Du magst im „engelgleichen Leben", in Gebet und Meditation, Glück, Erfüllung, Beheimatung und Sinn erfahren, Du mußt in den Staub der Erde treten und die Füße Deines Geistes schmutzig machen, wenn Du auf den Menschgewordenen schaust (Bonaventura). Diese und viele anderen Hinweise aus der Tradition weisen immerzu auf eines: Nichts ist wahr – außer man tut es.

Selbstverständlich glaube ich an die Kraft des Gebetes und der Meditation. Ich kann auch das Wort R. Schneiders unterschreiben, daß nur noch die Beter die Welt retten können. Nur: Wenn ich etwas tun kann und es nicht tue, sondern nur bete, dann verrate ich das Gebet selbst. So unersetzlich das Gebet ist – auch das Tun ist unersetzlich. Die Tat kann durch nichts ersetzt werden, auch nicht durch das Gebet. Das einzige Kriterium für die Echtheit Deines Gebetes ist Dein Einsatz für das Reich Gottes, Deine konkrete Liebe, Dein politisches Verhalten.

Nun gebe ich gerne zu, daß der *Begriff „Politik"* bei vielen wie ein rotes Tuch wirkt. Ich will Dir darum erklären, was ich damit meine. Wenn ich von „Wasser" rede, dann meine ich das Wasser, das aus der Quelle kommt und das ich trinken kann, und nicht das „Wasser", das man aus Trauben, Kirschen und anderem Obst gewonnen hat.

So nehme ich auch den Begriff „Politik" in einem ursprünglichen Sinn: Als Mensch gehörst Du wesentlich zur „Stadt" (= Polis), Du bist in ein soziales Gebilde hineingestellt, in ein Geflecht von Beziehungen, in eine Gemeinschaft oder Gesellschaft. Du bist davon bestimmt und beeinflußt, Du trägst Verantwortung dafür, mußt prägen und gestalten. Ob Du etwas tust oder nicht tust, ändert nichts an der Tatsache, daß Du ein politisches Wesen bist und politische Wirkungen erzielst. Hier, in Deiner Freundschaft, in Deiner Familie, in Deiner Gemeinde, an Deinem Arbeitsplatz, im Beziehungsgeflecht der Menschen, sollst Du die Wahrheit Deiner Liebe unter Beweis stellen.

5. Gemeinsame Orientierung

Ich übernehme gerne die Wortbedeutung von „Orientierung": sich der aufgehenden Sonne zuwenden. Du mußt Dich vom Licht erleuchten lassen, das in Jesus Christus aufgegangen ist. Du mußt Dein Leben deuten lassen durch die Heilige Schrift, die von den grundlegenden Erfahrungen berichtet, die Menschen mit Jesus (und mit Gott) gemacht haben.

Jesus Christus wollte indes sein Ziel nicht mit vielen einzelnen Menschen, sondern mit seinem Jüngerkreis, mit einer neuen Gemeinschaft, mit einem „Neuen Bund" erreichen. Ich werde auf diesen Gesichtspunkt zurückkommen. Hier möchte ich unterstreichen, daß man die Bibel nicht bloß allein meditieren, sondern auch in einer Gruppe besprechen sollte. Du hast Deine Erfahrungen,

Deine Erkenntnisse, andere sehen und empfinden anderes. Die Bibel wird darum nur als Buch einer Gemeinschaft voll zur Geltung kommen. Dabei solltest Du beachten, daß Du ein sprachliches Produkt vor Dir hast, Worte, die ich als Symbol empfinde. Ich meine damit die Tatsache, daß Worte dastehen für Erfahrungen und Einsichten. Wenn Du von Armen hörst, dann weißt Du, was Arme sind, aufgrund von *eigenen Erfahrungen*. Sonst könntest Du den Text nicht verstehen. Die anderen Deiner Gruppe werden andere Erfahrungen mit dem Wort verbinden und den Text ein wenig anders verstehen. Darum bin ich der Meinung, daß Du die eigenen Erfahrungen, die Du aus dem Alltag mitbringst, gerade nicht ausblenden darfst. Je reicher an konkreter Erfahrung eine Gruppe ist, um so konkreter wird man den Sinn eines biblischen Textes erschließen. Du wirst dann auch den Zusammenhang erkennen, der zwischen Bibelmeditation und Alltag, zwischen Wahrheit und Liebe besteht.

6. Gottesdienst und Politik

Wenn Du das Wort „Gottesdienst" hörst, wirst Du sicher an die Liturgie denken. Ursprünglich dachten die Christen dabei aber an etwas ganz anderes, nämlich an das, was ich Politik nenne. Der Gottesdienst, der Dienst Gottes an den Menschen und die Begegnung mit Gott, ereignete sich im konkreten Tun: in der Zuwendung zu den Kleinen, in der gegenseitigen Liebe, in der Pflege der Kranken, in der Hilfe für die Armen, im Teilen des Lebens, im

Vollzug der Arbeit, in der Vermenschlichung unserer Lebenswelt. Erst später brauchte man dann das Wort „Gottesdienst" in unserem heutigen Sinn.

Nicht daß es die Liturgie nicht gegeben hätte. Die ersten Christen sind ja weiterhin in die Synagoge und in den Tempel gegangen und haben an der Liturgie der Juden teilgenommen. Zusätzlich kamen sie „am ersten Tag der Woche" zum Brotbrechen zusammen, zur Feier des Neuen Bundes, zur Begegnung mit dem auferstandenen Herrn. Davon und von der Bedeutung, die das für Dich und mich hat, werde ich noch ausführlicher reden.

Hier möchte ich auf ein *biblisches Grundmuster* hinweisen, das wir oft vergessen: Immer wenn die Bibel von Liturgie spricht, dann spricht sie auch vom notwendigen Zusammenhang von *Liturgie und Leben, von Mystik und Politik.*

– Es ist schön und gut, ja wichtig und notwendig, daß wir die „Entäußerung Gottes" zum Thema unserer Lieder machen und in der Liturgie ekstatisch feiern. Aber die Lieder und die Liturgie sind unecht, wenn die Entäußerung Gottes nicht auch ein Thema unseres sozialen Verhaltens ist. Als Gemeinde Jesu müssen wir wie Jesus gesinnt sein; wir sollen nicht so sehr an uns selbst denken: wir sollen der *Logik der Liebe* folgen, die sich den anderen unterordnet, nicht der Logik der Macht, die die anderen für sich vereinnahmt und ausbeutet (Phil 2).

– Es ist schön und gut, ja wichtig und notwendig, daß wir immer wieder zusammenkommen zum Brechen des Brotes, zur Eucharistie, in der wir mit Jesus an einem Tisch sitzen und mit ihm das Brot brechen. Aber das Brotbrechen darf nicht zum Symbol erstarren, es muß auch zur *gemein-*

Widersetze dich jeder Form von Gewalt.
Achte auf die kleinen Verletzungen
bei dir selbst und bei anderen.
Sie sind meist der Anfang einer Kette
von Misstrauen und Aggressionen.
Habe den Mut, erste Schritte zu tun,
warte nicht, bis andere auf dich
zukommen.

Helmut Schlegel OFM

Bausteine für einen Lebensentwurf nach Clara
und Franz von Assisi

MONTAG

26

Timotheus und Titus
Bischöfe, Apostelschüler
Ged.; Weiß
Les: 2 Tim 1,1-8 oder Tit 1,1-5/Ev: Lk 10,1-9
Ps 96(95),1-2.3 u. 7.8 u. 10
Alberich v. Citeaux, †1109,
Robert v. Molesme, †1111 und
Stephan Harding, †1134,
Gründeräbte von Citeaux
Paula v. Rom, Notburg, Albert v. Steinfeld

Der Herr hat mich gesandt, den
Armen die Frohe Botschaft zu bringen ... (Ruf)

schaftlichen Solidarität führen, zur Neugestaltung der Beziehungen untereinander, zu einem echten Teilen des Lebens – vor allem auch mit den Armen. Eine Mißachtung der Armen entleert die Eucharistie, nimmt ihr jeden Sinn: „Das nenne ich nicht mehr Herrenmahl halten" (1 Kor 11).

– Es ist schön und gut, ja wichtig und notwendig, immer wieder die „Communio" zu feiern, die Gemeinschaft mit Jesus, seine Hingabe an uns, die Einheit aller in ihm. Genau das müßte sich aber auch im Alltag der Gemeinde Jesu zeigen: Machtdenken, Privilegien, Monopole, Hierarchie („Heilige Herrschaft"), Klerikalismus darf es von der Kommunion her nicht geben. Die Kommunion verlangt, daß sich die Beziehungen im Sinne des *gegenseitigen Dienens, der Brüderlichkeit und Schwesterlichkeit,* der Partnerschaft gestalten (Lk 22, 14–30).

– Es ist schön und gut, ja wichtig und notwendig, immer wieder in den Tempel zu gehen, um sich mit Gott zu versöhnen, Gott zu geben, was man ihm schuldet, zu opfern, was man hat. Diese rein vertikale Sicht allein genügt aber nicht. Die Voraussetzungen fehlen, wenn es im Zwischenmenschlichen ein Defizit an *Versöhnung* und Liebe gibt (Mt 5, 23 f).

– Es ist wichtig und notwendig, immer wieder das Glaubensbekenntnis zu formulieren: „Jesus ist der Herr meines Lebens", sich immer wieder in der Anrufung „Herr, Herr" wiederzufinden. Aber letztlich kommt es nicht auf die liturgische Formel an, sondern auf das konkrete Tun des *Willens Gottes* (Mt 7, 21). Und der Wille Gottes besteht nach neutestamentlicher Auffassung darin, daß wir den

Armen das Leben ermöglichen, daß wir Blinden Augen geben, daß wir Gefangene aus ihren Fesseln befreien, daß wir sogar Tote auferwecken, mit anderen Worten: daß wir das Leben über alles hochhalten, in allem suchen und fördern, empfangen und zeugen, hüten und schützen.

Ich möchte hier die Aufzählung beenden. Du kannst selber einmal darauf achten, wenn Du die Bibel durchgehst, wie eng Liturgie und Alltag miteinander verwoben sind. Hier gibt es keine Trennung von Sonntag und Werktag, von mystischem Erleben, Besingen Gottes und politischem Verhalten, von Gottes- und Nächstenliebe. Die Liturgie drängt zur Politik. Diese wurzelt in der Liturgie.

7. Wirken in der Einheit mit Gott

Ich habe den Eindruck, daß gerade die Mystik, das neue Erleben Gottes, die Erfahrungen der jungen Gemeinde mit dem auferstandenen Herrn, zu einer „alternativen Politik" geführt haben, zu einer anderen sozialen Wirklichkeit, zu einer gemeinschaftlichen Lebensform, die man dann „ekklesia kyriake" (= „Versammlung des Herrn"), Kirche nennt. Und eigentlich sollte diese Alternative die ganze Welt erfassen und allmählich zum Reich Gottes führen – und zwar in jener „substantiellen Verbindung" von Gott und Mensch, wie wir sie primär in Jesus selbst glaubend anschauen und sekundär auch von uns selbst erhoffen dürfen.

Ich habe schon einmal von der „Ermächtigung" durch Gott gesprochen. Gott ist nicht in der Weise allmächtig, daß er alles allein machen will. Im Gegenteil: Gott will alles durch uns Menschen machen. Seine Macht will sich in der Kraft und in der Dynamik des Menschen offenbaren.

Das aber kann nur geschehen, wenn wir uns von den Mächten der Selbstsucht, von der Herrschaft der egoistischen und partikulären Interessen, von der Sklaverei des Bösen befreien lassen. Du mußt erkennen, daß weder Du noch ich noch irgend jemand sonst imstande ist, aus reiner Liebe zu handeln – außer eben dieser Jesus, der sich in der Liebe total verausgabt und der im Kreuz die radikale Liebe, die reine Hingabe offenbart und der nun lebt in seinem „mystischen Leib", in einer konkreten geschichtlichen Gestalt, in all denen, die im Geist Jesu leben und handeln. Je näher wir dem gekreuzigten und auferstandenen Herrn sind, um so mächtiger wird die Liebe, um so mehr fühlen wir uns ermächtigt, die Welt zu verändern. Weil er es dann ist, der in uns lebt und handelt. Weil dann auch Du sagen kannst: „Nicht mehr ich lebe, sondern Christus lebt in mir" (Gal 2,20).

Von daher wirst Du die Bedeutung der Meditation, des Gottesdienstes, also der mystischen Dimension nochmals ganz deutlich erkennen. Um Dich in Deinem Element zu fühlen, als ermächtigter, zur Mitarbeit aufgerufener und zur selbstlosen, kreativen Liebe fähiger Mensch, brauchst Du jene Stunden des Sich-Öffnens, des marianischen Empfangens, der Kontemplation und der ekstatischen Feier der Liebe Gottes. Und die Welt braucht Menschen, die ermächtigt sind, ihr das Antlitz zu geben, das sie in der Absicht Gottes hat.

Aus der Meditation ergeben sich keine direkten Rezepte und Lösungen für das konkrete Handeln.

Hier bist Du allein auf die sachliche Analyse und die Eigengesetzlichkeit der Welt verwiesen. Aber Du wirst mit einem klaren Blick und mit einem befreiten Herzen handeln können.

Liebe Schwester, lieber Bruder, am Ende dieses Briefes bleibt mir nur eines: Dir zu wünschen, daß Du Deinen eigenen Rhythmus herausspürst für die beiden notwendigen Lebensvollzüge: die Liebe zur Wahrheit und die Wahrheit der Liebe.

Brief 6

Individuum und Gemeinschaft: Die Kirche

Liebe Schwester, lieber Bruder,

was ich Dir im letzten Brief über Gottesdienst und Kirche gesagt habe, muß ich jetzt vertiefen. Ich habe von der Alternative gesprochen, welche die Christen ursprünglich dargestellt haben und die wir auch heute wieder leben müßten. Aber eben: wir sind es weitgehend nicht mehr; wir sind nicht jene mitreißende politische Wirklichkeit, wie sie z. B. in der Apostelgeschichte aufleuchtet. Wir sind angepaßt, leben nach gesellschaftlich vorgegebenen Gemeinschaftsmodellen, in Kompetenzabgrenzungen, in hierarchischer Ordnung, ohne Schwung und Elan, ohne Perspektive und ohne prägende Kraft. Wir werden geprägt durch nationale Interessen, durch bürgerliche Sicherheitsbedürfnisse, durch Wertvorstellungen, die in keiner Weise mit Jesus Christus verbunden werden können. Wir haben vergessen, daß das Wort, das im griechischen für Gemeinde steht („Paroikia"), ungefähr gleichbedeutend ist wie „neben allen Behausungen leben", also sich nach anderen als den üblichen Behausungs- und Einrichtungskriterien orientieren.

Ich möchte Dich mit diesem Brief einladen mitzuhelfen, daß die Kirche wieder die große „Alternative Gottes" in dieser Welt wird. Denn Spiritualität ist immer kirchliche Spiritualität.

1. Eucharistie als Erfahrung

Ich bin überzeugt, daß viele in ihrem Leben deswegen keinen Sinn mehr finden, weil sie keine Gemeinde mehr vorfinden, in der ihnen das Leben wirklich begegnet und wo sie kompakte und kontinuierliche Erfahrungen machen können.

Mir ist das kürzlich bei einer Osterfeier mit meinen Mitbrüdern so richtig aufgegangen: Wir haben die Nacht erlebt, ein Feuer angezündet, eine Kerze, das österliche Lied von der „glücklichen Schuld" gesungen, alle sieben Schöpfungstage ins Licht Christi gestellt: die Explosion des Lichtes am ersten Tag, den weitgespannten Himmel, die gesammelten Wasser der Erde, das fruchtbare Land, den hellsten Tag und die finsterste Nacht und die dazugehörigen Lichter, Sonne, Mond und Sterne, die Tiere auf dem Land, im Wasser und in der Luft und dann uns selbst, Mann und Frau, und schließlich die selige Ruhe Gottes nach anstrengenden Tagen; wir haben Leiden und Tod noch einmal angeschaut, nachdem wir das leere Grab gesehen und den Engel gehört haben. Unsere Brust hat sich geweitet, unser Herz geöffnet, all unsere Sinne standen auf und waren voll von Leben. Ich bin überzeugt: jeder von uns hatte vorher und nachher, in der Einsamkeit, seine Zweifel, seine bohrenden Fragen. Doch als wir zusammen waren, Symbole setzten, Geschichten aus alter Zeit erzählten, die Ur-Bilder von Tod und Leben anschauten,

Lieder sangen, unser gemeinschaftliches Glaubensbekenntnis sprachen und beteten, konnte jeder mit allen Sinnen spüren und mit den Händen greifen: Christus lebt, wir leben, werden ins lebendige Leben fortgerissen.

Wie sehr die Feier Geschenk ist, Erlebnis der Gnade, Ermächtigung zum Leben, habe ich mit einer Jugendgruppe erlebt. Ich erspare mir die Umstände und erzähle Dir bloß das, worauf es ankommt: Die Jugendlichen, die vorher eine sehr enge Gemeinschaft waren, hatten sich zerstritten. Sie konnten sich darum in der Eucharistiefeier beim Friedensgruß nicht mehr umarmen. Für mich als Priester stellte sich die Frage, ob ich denn überhaupt noch Eucharistie mit ihnen feiern sollte, da doch die Versöhnung, wie ich Dir im vorausgehenden Brief gesagt habe, die Voraussetzung für kultische Handlungen ist. Ich habe trotzdem Eucharistie gefeiert, mit aller Behutsamkeit, zu der ich fähig war, aber mit dem Gebet im Herzen und auf den Lippen, daß diese Eucharistie uns zu einer neuen und intensiveren Gemeinschaft führe. Den Friedensgruß ließ ich aus. Nach der Kommunion las ich als Meditation mehrmals (im Sinne der „ruminatio", der meditativen Wiederholung) Lk 24,36–53. Plötzlich ergriff ein Mädchen die Hand seiner Nachbarin, die sie einem Jungen reichte, und dieser einem anderen ..., bis alle sich die Hände hielten, ganz fest. Als ich das sah, mußte ich den Text verändern: Seht unsere Hände, seht unsere Füße, ich bin es in euch, kein Geist hat Fleisch und Knochen wie ihr. Und wir staunten und konnten es vor Freude kaum fassen, daß Christus mit uns aß und trank und daß er in unsere

Glieder gefahren, auferstanden war. Seither weiß ich: *Eucharistie ist Erscheinung des Auferstandenen, Begegnung mit dem Leben und darum auch Ermächtigung zur Liebe und Anstiftung zum Frieden.* Wer Eucharistie feiert, sollte darum die Erscheinungsberichte des Neuen Testamentes fortschreiben können. Vielleicht versuchst Du es einmal, wie ich Dir zwei solcher Berichte aufgeschrieben habe.

Der Ort, an dem wir unseren Glauben empfangen und erneuern können, ist Ostern, die Eucharistie, in der Christus erscheint, die Gemeinde, in der der Auferstandene lebt.

2. Personales, aber nicht individualistisches Christentum

Unser Christsein krankt an einem grundlegenden Mißverständnis. Irgendwie betrachtet jeder seinen Glauben als Privatsache. Niemand wird heute mehr nach seinem Glauben gefragt, niemand gibt gerne Auskunft und Rechenschaft. Jeder fragt, wenn überhaupt, wie M. Luther: „Wie kriege ich einen gnädigen Gott?"

Die Grundintention der Bibel ist eine andere. Auch die evangelische Kirche ist in dieser Frage weitergekommen. Es ist zwar richtig, daß die Liebe Gottes jeden einzelnen, auch Dich und mich, ganz persönlich in die Arme nimmt. Du darfst glauben, daß Du gemeint bist, gefragt, aufgerufen, daß Gott Dich heilt, aufrichtet, gerechtmacht. Und Du mußt ganz persönlich hineintauchen in die Wirklichkeit Jesu. Du mußt hineinspringen in das Wasser, in Jesus hinein – er ist Dein Element, in dem Du

schwimmen kannst wie ein munterer Fisch. Du
mußt Dich baden und frisch machen, ganz persönlich und immer wieder. Du mußt die Taufe einholen,
die Dir wahrscheinlich wie mir in einem Zustand ge-
spendet wurde, in dem Du nicht ja und nicht nein
sagen konntest: das Wasser ergoß sich über Deinen
Kopf; man zog Dir das weiße Kleid an; man zündete
Dir das Licht Christi an. Nichts, gar nichts kann nun
Dein Bemühen ersetzen, immer mehr in der Person
Jesu unterzugehen, um erst recht zu leben, ihm zu
begegnen, ihn zu meditieren, seine Lebensweise zu
Deiner eigenen zu machen. Aber die Taufe ist nicht
das Wichtigste. Sie ist zwar Voraussetzung, aber
nicht die Mitte. Ich darf die Wichtigkeit und Uner-
setzbarkeit des Personalen nicht individualistisch
einengen. Ich muß die Taufe und die Entfaltung des
Personalen in einen sozialen Kontext stellen.

Die Frage, die in der Bibel des Alten und Neuen
Testamentes lebendig ist, ist eine *soziale Frage:*
„Wie werden wir Kirche?" Oder: „Wie können wir
die Alternative Gottes in der Welt sein?" Oder:
„Wie werden wir das Volk, das Gott auserwählt
hat?" Gott will ein Volk, das Geschichte macht. Er
will die Leibhaftigkeit von Menschen, die erfüllt
sind von seinem Geist. Er will einen Bund von Brüdern und Schwestern, die das Leben wollen. Er
will veränderte Beziehungen unter den Menschen,
Brüderlichkeit und Schwesterlichkeit, Frieden,
Gerechtigkeit und Liebe. Er will die Alternative,
die Aussonderung von Menschen, die anders als
üblich leben und eine andere Perspektive haben.
Die Kirche – das sind die Herausgerufenen Gottes
(= ekklesia).

Darum mußt Du Dich herausrufen, sammeln

lassen und hineinfinden in eine *Gruppe,* in eine *Gemeinde,* in die *Versammlung* Gottes, eben in die *Kirche Jesu Christi.* Wenn Du Dich nicht in diese zwischenmenschlich-göttliche Realität der Kirche hineinrufen läßt, hast Du nichts verstanden vom Christsein. Ohne Kirche gibt es kein Christsein. Wenn Du also zur Kirche gehst, dann schau, wer links und rechts von Dir ist, grüße sie, sprich mit ihnen, suche den Kontakt vorher und nachher. Laß Dich einspannen in eine Aufgabe, beteilige Dich an der Gestaltung einer lebendigen Gemeinschaft, in Gruppen, die sich eine bestimmte Frage stellen.

Du siehst: die Eucharistiefeier ist die Mitte der Versammlung, der Ort, wo die Gemeinde ihre dichteste Form hat. Aber sie kann so wesentlich und dicht nur dann sein, wenn sie nicht die einzige Form von Versammlung ist. *Keine „communio" ohne „vita communis"!* Die Kommunion kann nicht sein, wenn nicht ein Minimum an gemeinsamen Lebenserfahrungen geteilt und ausgetauscht wird.

3. Kirche als Leib Christi

Das wird Dir vielleicht verständlicher, wenn Du bedenkst, daß der Begriff „Leib Christi" einen dreifachen Sinn hat.

Du kannst darunter den Leib verstehen, der ins Grab gelegt wurde, also die *irdische Existenz Jesu,* die am Kreuz gewaltsam beendet und dann begraben wurde: alles, was Jesus gelebt, gesagt, getan und gelitten hat, dieses faszinierende Leben, das bis heute noch zum Träumen und Handeln anregt.

Du kannst darunter den Leib verstehen, der

durch die Auferstehung entstand, also die *politische Existenz Jesu,* die Gemeinde, in die hinein Jesus auferstanden ist, die Gemeinde an einem ganz konkreten Ort in unserer Welt, in Korinth, Rom, Ephesus, Luzern, Laufen oder sonstwo, eben gerade dort, wo Du lebst, die Gemeinschaft, in der Du unersetzlich bist und in der Deine Gaben und Fähigkeiten erwartet werden, wo man Freud und Leid miteinander teilt (vgl. 1 Kor 12).

Du kannst darunter den Leib verstehen, den Du in der Eucharistiefeier empfängst, also die *sakramentale Existenz Jesu,* der sich für uns hingibt, der uns in seinen Lebenskreis einbezieht, der uns mit Leben erfüllt und der unseren vielfältigen Tod vertreibt, der uns von seinem Innersten nährt.

Ich denke, daß es wichtig ist, den inneren Zusammenhang, die Kontinuität der verschiedenen Existenzweisen Jesu zu erfassen. Wenn wir unsere kirchliche Gemeinschaft nicht zurückbinden an den historischen Jesus, werden wir uns auch nicht als Ort erleben, an dem Jesus heute lebt. Wenn wir nicht immer in der Kommunion mystisch-sakramental empfangen, was wir politisch sind: Leib Christi, verlieren wir uns im Durcheinander dieser Welt und zerfallen. Wenn wir die Kommunion trennen von der Gemeinde, wird sie zum bloßen Ritus ohne Leben, zu einer individualistischen Übung, die keine Wirkungen mehr hat. Und wenn wir die Kommunion trennen vom irdischen Jesus, wissen wir nicht, wen wir empfangen. Du kannst also das Ineinander der drei Daseinsweisen Jesu nie genug meditieren. Dann aber wirst Du erkennen, daß eine kirchliche Gemeinschaft Deine Heimat und Deine Aufgabe sein muß.

4. Die Kirche als Aufgabe

Die Kirche ist die Aufgabe jedes Christen. Ich hoffe, daß die Zeit vorbei ist, wo ein Pfarrer die Gemeinde als seine alleinige Aufgabe ansah. Wo das der Fall ist, wird die Geburt einer lebendigen Kirche (die Ekklesiogenese) verhindert. Jeder und jede steht im Dienst der Kirche und hat seine bzw. ihre Gaben und Fähigkeiten, sein Dasein und ihr Sosein, ein lebendiges Interesse im Raum einer kirchlichen Gemeinschaft zu leben.

Du weißt, daß man bis in unsere Tage hinein über eine besondere Spiritualität der kirchlichen Dienste, besonders aber über die Spiritualität des Priesters nachdenkt. Dabei stellt sich immer mehr heraus, daß es schwierig ist, eine solche Sonderspiritualität überhaupt zu formulieren. Ich bin selbst schon bei Diskussionen dabei gewesen, in denen Laien einem Priester, der seine vermeintlich besondere Spiritualität zum Ausdruck brachte, sagten: Aber das trifft doch auch für uns Laien zu! Ein Priester bekennt: Es „kommen mir Zweifel, wenn ich anfange, über die Vorträge und Predigten nachzudenken, die ich über priesterliche Spiritualität gehört habe: Nichts von dem, was ich da über Einstellung und Verhalten des Priesters gehört habe, hätte nicht auch für die Laien gegolten: Bleiben in seiner Liebe, Freundschaft mit Christus. War das Hinweis darauf, daß es das nicht gibt – priesterliche Spiritualität?" (W. Leinweber, in: Bruners, 58).

Natürlich kann im Anschluß an das *tridentinische* Priesterbild, an die Theologie der priesterlichen Vollmacht und des „character indelebilis" (= unauslöschliches Zeichen, das bei der Priesterweihe eingeprägt wird) und an den Gedanken der „Stellvertretung Jesu", durch die ein bleibendes Gegenüber zur Gemeinde gefordert wird, eine besondere Spiritualität entwickelt werden. Aber diese Spiritualität hat an theologischer und menschlicher Überzeugungskraft eingebüßt. Hinzu kommt, daß eine verengte Sicht des priesterlichen Dienstes, wie die Erfahrung zeigt, echte Gemeinschaft, gute Zusammenarbeit und gemeinsame Verantwortung aller verhindert.

Darum möchte ich zunächst einmal an eine Überzeugung erinnern, die man bei den Kirchenvätern und in der Kunst immer wieder antrifft: Wer Jesu Platz einnimmt, ist nicht ein Mensch, ist kein Papst, kein Bischof, kein Priester, sondern der *Heilige Geist,* für den sich alle immer und stets neu zu öffnen haben. Darum beten wir auch in jeder Messe zum Heiligen Geist, er möge Jesus Christus leibhaft gegenwärtig werden lassen. Sehr schön wird das auf einem Bild im Kölner Wallraff-Museum sichtbar: Die versammelten Jünger sitzen ganz dicht beieinander, in Tuchfühlung, unter ihnen auch Maria. Sie haben eine gemeinsame Mitte: das eucharistische Brot. Aber dort, wo beim Abendmahl der Platz Jesu ist, sitzt eine Taube, das Symbol des Heiligen Geistes.

Zweitens möchte ich Dich auf *Maria* hinweisen. Es gibt eine Tradition, in der der priesterliche Dienst im Anschluß an Maria gesehen wird. Wer der Eucharistie vorsteht, erfüllt die Funktion Marias. Wie sie sich als demütige Magd öffnete, zur Verfügung stellte, im Sich-Zurücknehmen Raum schaffte für die Gegenwart Gottes, so und nicht anders muß sich der Priester verhalten.

Schließlich kann man auf die vielen *Knechts-gleichnisse und -geschichten* des Neuen Testamentes hinweisen, in denen die Spiritualität der kirchlichen Dienste zu fassen wäre. Auch das verdeutlicht einerseits das marianische Deutungsmuster, in dem Magd und Knecht zusammengehören, und anderseits die gemeinsame Grundhaltung aller Christen, die nichts anderes sein sollen als Diener.

Selbstverständlich will ich mit all dem nicht sagen, daß es keine besonderen kirchlichen Dienste geben soll. Aber es ist ihre Aufgabe, die Gemeinde zu ihrem eigentlichen Wesen zu bringen, Hebammen zu sein, *damit die Kirche geboren wird als lebendiges, handelndes, entscheidendes Subjekt an einem bestimmten Ort.* Und selbstverständlich soll auch nicht gesagt sein, daß diese kirchlichen Dienste nicht auch eine Spiritualität haben sollen. Aber die Besonderheit besteht darin, daß sie ihr Amt als besondere Verpflichtung zur geistlichen Deutung ihres Lebens verstehen sollen.

Die Kirche ist die Aufgabe aller. Ob Du zu einem kirchlichen Dienst besonders beauftragt bist oder nicht, Du stehst im Dienst der Kirche. Sie ist Deine und die Aufgabe aller, die an einem Ort glauben, hoffen, lieben.

5. Einzelne Aufgaben

Du mußt Dir also überlegen, wie Du Dich in Deine Gemeinde einbringen kannst, was Du beitragen kannst, damit die Gemeinde lebendig wird.

Natürlich gehört der *Gottesdienst* zu den zentralen Aufgaben einer Kirche. Ob Du Priester bist, Lektor, Vorbeter, Kommunionhelfer, Sänger ..., Du mußt Dir bewußt machen, daß Du einen besonderen Auftrag hast, *Atmosphäre* zu schaffen. Hie und da mische ich mich unter die Gläubigen einer Pfarrgemeinde. Ich muß sagen, daß ich ganz selten Gottesdienste getroffen habe, die Atmosphäre hatten, die Leben vermittelten, die Kraft gaben. Oft bin ich wie ausgepeitscht aus der Kirche gegangen. Eines folgte auf das andere, nichts konnte ankommen, alles wurde gleich verdrängt.

Wenn Du einen *Text* vorträgst, mußt Du Dir zunächst klarmachen, zu wem Du sprichst: Ein Gebet, das zu Gott gesprochen wird, mußt Du anders lesen als eine Lesung, die das Volk verstehen soll. Diese muß den Letzten hinten in der Kirche erreichen; jeder muß Dich verstehen können; darum mußt Du hinhören und warten, bis die Worte von den Wänden zu Dir zurückkommen, bevor Du einen neuen Satz sprichst; darum mußt Du Sinnzeilen lesen, betonen, was wichtig ist; Du mußt einen Text zuerst in Dich hineinnehmen, meditieren, bevor Du ihn vorträgst. Und laß den Text ankommen durch eine besinnliche Stille hindurch, laß die Worte in die Herzen der Hörer einsinken, verdränge sie nicht durch ein Lied oder einen Text. Und wenn Du betest, dann sprichst Du zu Gott. Das muß sich zeigen in der Art und Weise, wie Du sprichst. Ich denke mir das so: Du kündigst zuerst an, daß wir jetzt beten wollen, und wartest, bis alle still geworden sind und entsprechend Haltung eingenommen haben. Dann sprichst Du Gott an: Vater, Allmächtiger oder wie immer, und dann wartest Du wieder, damit Du Dir selber die Ungeheuerlichkeit bewußt machst, zu Gott zu sprechen, und damit die Gottesdienstteilnehmer an diesem Deinem inneren Zittern und Beben teilhaben können. Dann sprichst Du langsam, deutlich, früher sagte man andächtig, die Bitte oder den Dank.

Wenn Du *Lieder* aussuchst, dann denke daran, daß ihnen ein Text zugrundeliegt und daß Du also nicht beliebig Strophen auswählen kannst, ohne den inneren Sinn des Liedes zu zerstören. Wichtig ist auch, daß Du Dich nicht an die eingefleischten Dogmen unserer „Gottesdienstgestalter" hältst. Eines davon ist die Sparsamkeit: Erinnere Dich doch selbst einmal, wie Du nur ganz allmählich auftaust, wie selig Du schon geworden bist, wenn Du lange gesungen hast. Im Gottesdienst hören wir meistens mit dem Singen auf, wenn wir recht eigentlich zu singen beginnen könnten. Hilf den verkrampften Menschen unserer Tage, sich zu lösen, sich freizusingen, indem Du viele Strophen eines Liedes singst. Ich habe auch schon mehrere Lieder nacheinander gesungen, allerdings nicht in einem Gemeindegottesdienst, sondern in der Gruppe.

Unsere Gottesdienste brauchen die Stille und die Ekstase, die Meditation und die festliche Stimmung, das In-sich-Gehen und das Außer-sich-Geraten. Sie brauchen aber auch die Kommunikation, das Gespräch. Im Anschluß an einen Text solltest Du dazu Gelegenheit suchen. Wenn es im Gottesdienst selber nicht möglich ist – warum eigentlich nicht? –, dann vielleicht im Anschluß daran.

Ich muß hier aufhören, im Wissen, daß ich nur ein paar Hinweise für die Gottesdienstgestaltung geben kann. Es wäre schön, wenn unsere Gemeinden so aktiviert werden könnten, daß ihnen der Gottesdienst zur Lust wird statt zur Last und daß es ihnen keine Rolle mehr spielt, wie viel Zeit sie dafür verwenden. Ich bin überzeugt, daß wir alles tun müßten, um den Sonntag wieder zum Fest zu machen. Wir müßten vom Angebotsdenken wegkommen, das in die Marktwirtschaft, nicht in den Gottesdienst gehört. Stattdessen müßte das *Ausdrucks- und Darstellungsdenken* Platz ergreifen. In der Liturgie will sich eine glaubende Gemeinschaft ausdrücken, darstellen, anschauen und erleben.

Es gibt außer der Liturgie noch andere Aufgaben in der Gemeinde, für die Du Dich bereithalten solltest. Denke z. B. an die *sozialen Fragen* an Deinem Ort. Vielleicht solltest Du Dich an einer Gruppe beteiligen, die eine dieser Fragen in besonderer Weise angehen möchte: Arme in der Gemeinde, Geschiedene, Drogenabhängige, bedrohte Arbeitsplätze, Fremde, Asylbewerber, Umweltsbedrohungen, Sorge um den Frieden, Altenprobleme, Kranke ... Du weißt selber, welche Probleme an Deinem Ort eine besondere Dringlichkeit haben. Versuche, sie in einer Gruppe zum Thema zu machen, zu analysieren, von der Bibel her neu zu verstehen und zu verändern. Du kennst sicher die Methodik, die in der Arbeiterbewegung entwickelt wurde: voir – hinschauen; juger – im Licht der Bibel beurteilen und Kriterien entwickeln; agir – aktiv an die Lösung eines Problems gehen. In diesen Gruppen sollte man immer auch beten und singen, seine eigene Betroffenheit zeigen und die der anderen spüren. So können sogar

Lieder entstehen, Texte und Gedichte. Was mich besonders fasziniert an den Gemeinden bei uns und in der Dritten Welt, in denen so konkrete Probleme angegangen werden, ist die Wiederentdeckung der Poesie und der Kreativität. Von solchen Basis-Gruppen könnten unsere Gemeinden neues Leben empfangen, wenn sie sich in die größere Einheit einbrächten.

So könnten tatsächlich Wunder passieren. Die protestantische Kirchgemeinde Zürich-Seebach hat es erleben können, als sie sich für die asylsuchenden Chilenen öffnete: Neue, persönliche Gebete wurden gesprochen, Symbole gesetzt, eine neue Gemeinschaft erfahren. „Persönliche Fürbitten gehören zur neugeschaffenen Liturgie der Gottesdienste, die seit der Ankunft der 52 Chilenen in der reformierten Kirchgemeinde Seebach täglich um 10 Uhr und um 18 Uhr abgehalten werden. Rechts vom riesigen steinernen Kreuz flackern 52 Kerzen. Außer einigen Chilenen haben sich auch Frauen und Männer, ältere und junge, im Gottesdienst zur Andacht zusammengefunden. Sie sind in den vergangenen fünf Wochen zusammengewachsen, bilden eine Gemeinschaft ... ‚Ich bitte dich, daß in der Gruppe keine Aggressionen entstehen und daß nicht Aggressionen von außen unsere Einigkeit zerstören.‘ Neu an der Seebacher Liturgie ist auch das gemeinsame Gebet des ‚Unser Vater‘, zu welchem die Andächtigen, sich die Hände reichend, einen großen Kreis um den Taufstein bilden. Singend, den Rhythmus klatschend, verlassen sie schließlich in Form einer Polonaise den kirchlichen Raum" (Die Weltwoche, 31. Oktober 1985).

Liebe Schwester, lieber Bruder, ich bitte Dich: Sieh nicht bloß die Forderung, die hinter diesem Brief steht, sondern vor allem die Verheißung. Ihretwegen lohnt es sich, sich ganz und gar zu engagieren, damit die Gemeinde lebt.

Brief 7

Das Heute und die Tradition

Liebe Schwester, lieber Bruder,

wenn Du kirchliche Gemeinschaft als die große Alternative erlebst, wie das an einem konkreten, überschaubaren Ort möglich ist, dann wirst Du entdeckt haben, daß die *ganze Welt* gegenwärtig ist.

Du wirst erfahren haben, daß die Kirche am Ort immer verbunden ist mit allen, die irgendwo auf der Welt Kirche sein wollen. Du kannst da alle Menschen in ihrer Not und in ihrem Jubel umarmen, alle, die ihr Leben mit Christus verbinden wollen oder verbinden könnten. Du kannst da allen gegenwärtig sein, die unsere Gegenwart beleben. Und Du kannst da allen gegenwärtig sein, die einmal gelebt haben und die noch geboren werden. Du kannst den *Augenblick* erleben, in dem Vergangenheit, Zukunft und Gegenwart eins sind, in dem Gott alles in allen ist. Die Geschichte ist an ihr Ziel gekommen. Und darum herrscht Dank, Anbetung, Jubel vor. Auf der anderen Seite wissen wir uns da der Erde verbunden, dieser Erde von Blut und Tränen, von Not und Tod. Und darum werden wir immer wieder Gott bitten, zu ihm flehen und ihn beschwören müssen. Die Bitte, die Gott beim Namen nimmt, die Gott an seine Verheißung erinnert, ist das eigentliche Gebet der Christen, solange wir auf Erden sind. So beschwöre Gott, dränge ihn, Gott zu sein hier auf Erden, ein Gott der Liebe und der Zuwendung.

Die Kirche steht also in Beziehung zu allen Zeiten, zum Heute, zum Gestern und zum Morgen. Für die Spiritualität sind alle drei Beziehungen von höchster Wichtigkeit. Du mußt im *„Heute Gottes leben"*, wie man in Taizé gern formuliert, mußt also mit ganzer Aufmerksamkeit leben für die Gegenwart, für ihre Fragen und Zweifel, für das, was Gott heute von Dir erwartet. Du mußt wie die ersten Christen *nach vorne schauen,* auf Zukunft hin leben, die Verheißungen vor Augen, mußt diese Zukunft vorwegnehmen, herbeiführen, mitgestalten. Und Du mußt Dich immer wieder *erinnern,* aus dem Vergangenen leben, die Erfahrungen früherer Generationen bedenken, die Wurzeln entdecken, aus denen Du lebst.

In diesem Brief möchte ich Dir etwas über die Bedeutung der Tradition für Deine Spiritualität sagen.

1. Mißverstandene Tradition

Ich weiß nicht, wie Du auf den Begriff Tradition reagierst. Vielleicht bist Du allergisch wie ich, wenn in bestimmten Situationen von der Tradition die Rede ist. Es gibt Menschen, die glauben, daß die *Tradition bereits alles enthält* und daß wir heutigen Menschen nichts mehr zu entdecken und zu erfinden hätten. Ihnen gegenüber bin ich entschieden der Meinung, daß das Leben heute stattfindet, daß unsere Erfahrungen nicht durch die Erfahrungen der Vergangenheit verdrängt werden dürfen. Du sollst leben, Du sollst Deine Phantasie entfalten, Deine Kreativität entdecken, Deine Spontaneität ausdrücken können, das Leben spüren bis in die Fingerspitzen hinein. Ebenso sollst Du heute glauben, die Hoffnung angesichts der heutigen Abgründe finden, die Liebe in den heutigen Nöten tun. Dafür gibt es keine Rezepte, keine automatisch wirkenden Erkenntnisse aus der Tradition. Die Traditionalisten müßten entdecken, was Leben ist und daß Tradition Leben ermöglichen will.

Auf der anderen Seite gibt es Menschen, die die *Tradition vollständig ablehnen.* Sie glauben, daß in ihrer Lebensgeschichte und in der Tiefe ihrer Seele bereits alles grundgelegt ist. Sie brauchen dann bloß noch entdecken, was schon da ist. Darum schreiben sie auf der Suche nach ihrer Spiritualität Tagebücher – was an sich eine hervorragende Möglichkeit ist, sich selbst auf der Spur zu bleiben. Sie sind dann aber enttäuscht, wenn sie nach Jahren immer noch am gleichen Ort stehen. Ich habe Dir in den bisherigen Briefen immer wieder gesagt, daß wir die Wahrheit nicht in unserer Biographie vorfinden, sondern daß wir sie nur entdecken in der Begegnung mit dem Gott, der Geschichte gemacht hat. Das ist der Kern der Tradition, aus der Du Deine Wahrheit, also auch Deine Spiritualität gewinnen kannst. Das gleiche gilt aber auch von der Zeit, bzw. von der Kultur, in der wir leben. Jede Kultur ist relativ. Wir erkennen das, wenn wir andere Kulturen betrachten, etwa die antike, die römische, die mittelalterliche Kultur, also Kulturen, auf denen die unsere aufbaut.

Wir erkennen es noch mehr, wenn wir z. B. auf Indien schauen. Wir wissen sehr genau, woran es da fehlt, welche Wertvorstellungen noch entwickelt werden müßten. Im Blick auf die eigene Kultur sind wir da leider nicht so kritisch. Dabei wäre genau das erforderlich, wenn es uns wirklich um die Wahrheit geht. Wir dürfen also nicht meinen, daß das wahre Leben, das Leben, das wirklich verdient, so genannt zu werden, das „ewige Leben", wie es die Bibel nennt, schon in der geltenden Kultur grundgelegt ist. Wir bräuchten dann einfach das richtige Instrument, um es zu entdecken. Nein, die Wahrheit unseres Lebens ergibt sich aus dem *Zusammenspiel unserer Erfahrungen mit dem, was wir Tradition nennen.* Einige Aspekte dieses Spiels möchte ich Dir bewußt machen. Du wirst merken, daß Du, je besser Du die Tradition kennst, um so progressiver sein kannst. Wenigstens ist das meine eigene Erfahrung.

2. Tradition als Widerstand: Die Begriffe

Als E. Hug und ich unserem Franziskusbuch in der Reihe „Klassiker der Meditation" einen Titel geben sollten, wählten wir einen Ausdruck, der in den Schriften des Heiligen ganz zentral und so etwas wie ein Schlüsselwort für die franziskanische Spiritualität ist: „Die Demut Gottes". Der Verlag wollte diesen Titel nicht haben: er sei nicht modern, sei darum auch nicht werbewirksam. Wir haben darauf bestanden, mit der Begründung: Gerade darum! Wir müßten hinhören auf solche Begriffe, die aus unserem Vokabular verschwun-

101

den sind, müßten sie abtasten, ob sie noch etwas für uns heute bedeuten und ob sie nicht intensives Leben ermöglichen könnten. Das Buch hat seinen Weg gemacht.

Es gibt auch andere Begriffe, die aus unserer Sprache verschwunden sind. Vielleicht weil man sie in der Vergangenheit mißbraucht hat. „Gehorsam" zum Beispiel. Ich kann Dir kaum beschreiben, was in mir vorgegangen ist, als ich dieses Wort in seiner ursprünglichen Bedeutung erfaßt habe: die Leidenschaft des Hörens, Hellhörigkeit, Sensibilität, totale Verfügbarkeit, die geschöpfliche Form der Freiheit. P. M. Zulehner zählt auch die Worte „Opfer", „Hingabe", „Kreuz" zu denen, die unserer Kultur fremd sind. Er meint, daß die Abschaffung bzw. Meidung der „verbrauchten Wörter" ein Zeichen sind für die „Schrebergartenspiritualität", für ein verbürgerlichtes Bewußtsein und für mangelnde evangelische Radikalität. Er ist der Ansicht, „daß es keineswegs an den alten, widerständigen Wörtern liegt, daß sie ,verbraucht' erscheinen. Vielmehr liegt es an unserer gegenwärtigen Alltagskultur, in die sie nicht mehr hineinpassen ... Ich habe für mich entschieden, mich (so gut ich kann) wieder in diese alten hartnäckigen Worte hineinzugraben. Ich möchte verstehen lernen, was sie an Botschaft, an spiritueller Weisheit enthalten, in der Annahme, daß sie etwas bergen, was mir im Rahmen unseres verarmten Alltagsbewußtseins zunächst nicht mehr zugänglich ist" (in: Bruners, 115). „Ich würde mir wünschen, daß wir das Widerständige in den alten Begriffen aushalten, um unsere Alltagskultur wieder zum Wachsen zu bringen ... Bei Pasolini, einem harten Kritiker unserer bürgerlichen Kultur, kann man lesen, die Kirche mache genau den Fehler, daß sie ihre widerständigen Traditionen bis in die Sprache hinein aufgibt und daher kulturell einnivelliert wird. Wäre da nicht der andere Weg für uns besser, die alten Begriffe wieder auszugraben und zu sagen, da steckt kulturell Widerständiges drin?" (a.a.O. 132).

Wenn Du die Sprache der Tradition mit diesem selbst- und kulturkritischen Blick anschaust, wirst Du plötzlich spüren, wie sie in Dir Leben zeugt. Ich meine nicht, daß Du dann unbedingt die Sprache der Alten reden mußt, nein, das gewiß nicht. Du wirst Deine Sprache behalten. Aber Du wirst die alten Begriffe wie Nüsse knacken, Du wirst ihren Kern herausschälen, wirst ihn genüßlich essen und dann aus der Mitte Deines Wesens heraus neu ausdrücken. Deine Sprache wird echt sein und lebendig. Denn sie wird nicht einfach wiederholen, was gerade psychologischer oder soziologischer Jargon ist.

3. Tradition als Ur-Wissen und als Spiegelung der Seele: Die Mythen

Du wirst aber noch mehr entdecken, wenn Du der Tradition wirklich begegnest. Du wirst wie in einen Spiegel schauen, wenn Du Dich in das Wissen versenkst, das sich seit Urzeiten in den verschiedensten Kulturen und Traditionen angesammelt hat. Es wird wie ein Spiegel sein, in dem Du Dich selber erkennen kannst.

Die vielen Geschichten, die man unter den Völkern erzählt, gleichen sich oft sehr. Darum glaubt man, daß sie sogenannte Archetypen sind, die in der Seele des Menschen ganz allgemein angelegt sind. Nur wenn wir sie ernst nehmen, werden wir auch unsere heutige Wahrheit finden.

Diese Archetypen findet man in den Sagen und Legenden, in den mythischen Vorstellungen, die immer wieder zu faszinierenden Geschichten geführt haben. Eine Definition von „Mythus" lautet übrigens: *etwas, was einmal geschehen ist und immer wieder geschieht.* Du darfst also die Wahrheit nicht auf Geschichte (Einzahl!) reduzieren, ein Fehler, der immer und immer wieder unterläuft. Nicht nur, was man historisch-kritisch als geschichtliches Faktum feststellen kann, ist wahr, sondern auch die vielen Geschichten (Mehrzahl!), die vielleicht nie buchstäblich so verlaufen sind, wie sie erzählt werden. Die historische Wahrheit ist nur die Insel, die Wahrheit selbst ist das Meer, das die Insel umgibt.

Darum mußt Du hören, was Dir die Geschichte vom Paradies sagt (das Paradies hat es historisch nie gegeben!), was Dir die Schlange bedeutet, die Rippe aus Adams Seite, der Turmbau zu Babel, die Sintflut, der Regenbogen, der Auszug aus dem Land der Väter, die Errettung aus dem Meer, die Nahrung in der Wüste, das Fallen der Mauern von Jericho und wie die vielen biblischen Mythen heißen. Um Deiner selbst willen wirst Du auch Ödipus, Kassandra und die griechischen Mythen zur Kenntnis nehmen, ebenso Romulus und Remus und die römischen Geschichten, den heiligen Gral, die Eiche und die germanische Weisheit, Wilhelm Tell und die Sagen unseres Landes, den „Chindli-

mord", das „Sennentuntschi" und die vielen Geschichten aus dem Volk, aber auch „den vierten
König" (E. Schaper) und den „Kleinen Prinzen"
(A. de Saint-Exupéry). Je mehr Du Dich in das,
was einmal war und immer noch ist, versenkst,
wirst Du zu Dir finden.

4. Tradition als Vorgabe des Glaubens: Die Dogmen

Die Bedeutung der Geschichte, des historisch
Greifbaren, bleibt unangefochten. Die ganze
Wahrheit ist nicht aus den Geschichten der Menschen allein ablesbar. Es braucht den Einbruch
Gottes in die Welt, das, was wir „Offenbarung"
nennen. Denn Gott ist unserem Blick unzugäng-
lich – außer er würde sich uns zeigen. Darum müssen wir auch mit historisch-kritischen Methoden
an das Alte und Neue Testament herangehen, um
wirklich jene Geschichte zu entdecken, die Gott
mit uns Menschen angefangen hat und zu Ende
führen will.

Die Tradition, wie sie in diesen beiden grundlegenden Dokumenten und dann in der Kirchengeschichte niedergelegt ist, ist demnach unersetzlich
für Deinen Glauben. Ich weiß, daß viele Mühe haben mit den Sätzen des Glaubensbekenntnisses
und den Dogmen. Besonders dann, wenn sie sehen, wie diese Sätze dogmatisch gehandhabt und
zum Schlagwort werden, mit dem man andere tö-
tet. Dabei wollen diese Sätze Leben zeugen, „ewiges Leben". Mit anderen Worten: Sie sollen hier
und jetzt – und nicht erst nach dem Tod – eine an-

dere Art von Leben möglich machen, ein Leben voll Vertrauen auf etwas, was man nicht sieht, ein Leben voll Hoffnung trotz aller gegenteiligen Erfahrungen, ein Leben in radikaler Liebe und Hingabe.

Zwei Dinge solltest Du beachten, wenn Du das Glaubensbekenntnis sprichst oder vor einzelnen Glaubenssätzen stehst. Zunächst: Es handelt sich dabei nicht um wissenschaftliche Sätze, sie stehen dem Gedicht näher als dem Argument, sind eher Bilder als Fakten. Nicht von ungefähr bringt man das Glaubensbekenntnis mit dem Begriff „Symbol" in Zusammenhang (das Apostolische Glaubensbekenntnis nennt man das „symbolon apostolicon"). Die Sätze bringen die verschiedensten Erfahrungen der Menschen auf einen Nenner. Sie verweisen auf etwas Anderes, Größeres. Ihre Wahrheit liegt in ihrer Verweiskraft.

Damit ist auch das Zweite gegeben: Du solltest entdecken, daß alles *„Entfaltungen"* sind. Und was entfaltet ist, kannst Du wieder „einfalten", also auf das Einfache unseres Glaubens zurückführen. Du solltest jedes Dogma auf die drei Grund-Sätze zurückführen können: Jenseits aller Erfahrung ist die Liebe, die alles Leben hervorbringt und trägt (= Vater); in aller Erfahrung lebt diese Liebe, die alles begleitet und befreit (= Sohn); in Dir selbst lebt diese Liebe, die Du entdecken kannst und die Dich mit allen Menschen verbindet (= Heiliger Geist). Oder noch einfacher: „Gott ist Liebe, und wer in der Liebe bleibt, bleibt in Gott, und Gott in ihm" (1 Joh 4, 16 b).

Die Tradition bringt Dich also in einen großen Sinnzusammenhang. Sie macht eine große Vor-

106

Gabe, in deren Raum Du froh werden kannst und die Dich für Dein ganzes Leben bestimmt. Du bist in eine gedeutete Welt hineingeboren, mußt mit der Deutung nicht beim Punkt Null anfangen. Und das ist etwas Tröstliches.

5. Tradition als Entlastung: Die Riten

Auch das Brauchtum und die Riten können Dir Heimat bedeuten. Sie sind ein Rahmen, in den Du Dich immer wieder neu hineinbergen kannst. Das ist um so wichtiger, als Du vielleicht auch zu den vielen gehörst, die nirgendwo mehr zu Hause sind in dieser Welt. Und doch gibt es die Möglichkeit, in dem zu Hause zu sein, was das Hier und Jetzt übersteigt. Am besten sage ich Dir das mit einem Text aus dem „Kleinen Prinzen" von Antoine de Saint-Exupéry:

„‚Es wäre besser gewesen, du wärst zur selben Stunde wiedergekommen', sagte der Fuchs. ‚Wenn du zum Beispiel um vier Uhr nachmittags kommst, kann ich um drei Uhr anfangen, glücklich zu sein. Je mehr die Zeit vergeht, um so glücklicher werde ich mich fühlen. Um vier Uhr werde ich mich schon aufregen und beunruhigen; ich werde erfahren, wie teuer das Glück ist. Wenn du aber irgendwann kommst, kann ich nie wissen, wann mein Herz da sein soll... Es muß feste Bräuche geben.' ‚Was heißt fester Brauch?' sagte der kleine Prinz. ‚Auch etwas in Vergangenheit Geratenes', sagte der Fuchs. ‚Es ist das, was einen Tag vom andern unterscheidet, eine Stunde von der anderen Stunde. Es gibt zum Beispiel einen Brauch bei den Jägern. Sie tanzen am Donnerstag mit den Mädchen des Dorfes. Daher ist der Donnerstag der wunderbare Tag. Ich gehe bis zum Weinberg spazieren. Wenn die Jäger irgendwann zum Tanze gingen, wären die Tage alle gleich und ich hätte niemals Ferien.'"

Stets wiederkehrende Tage, gleichbleibende Stunden, sich wiederholende Abläufe, regelmäßig wiederkehrende Handlungen, Zeiten, Symbole – Riten eben – entlasten uns davon, immer neu zu planen, von vorne anzufangen, in jedem Moment spontan und kreativ sein zu müssen. Ja, sie helfen sogar, sich an das Wesentliche zu halten, die Freiheit dort einzusetzen, wo sie nötig ist. Um sinnvoll leben zu können als Mensch, der sich gleichzeitig als Christ versteht, brauchst Du Advent und Weihnachten, Fasten und Feste, Sonntag und Werktag, Sakrament und Symbol, St. Nikolaus und Ostereier... Du wirst erfahren, welches Leben davon ausgeht, aber nur, wenn und in dem Maße wie Du Dich darauf einläßt.

6. Tradition als kollektive Erfahrung: Die Normen

Wenn Du mir bisher gefolgt bist, wirst Du mir wahrscheinlich zustimmen: Tradition ist ein Sammelbecken für kollektive Erfahrungen. Hier werden die Erfahrungen greifbar, welche viele Generationen mit ihrem Menschsein, mit Gott und mit Jesus Christus gemacht haben. Ein Teil solcher Erfahrungen sind auch die *Normen und Wertvorstellungen,* die sich in einem geschichtlichen Prozeß herausgebildet haben. Wir sollten von der etwas eigenartigen Auffassung abkommen, wonach die ethischen Normen gleichsam von Gott selbst fix und fertig formuliert und dann irgendwann, am Sinai und anderswo, für ewige Zeiten übergeben worden seien.

Wer die Geschichte etwas kennt, weiß, wie wandelbar konkrete Normen sind, wie sehr in der Werthierarchie Akzente verschoben werden können. Ich denke, daß wir die kollektive Erfahrung der Völker als Hintergrund nehmen müssen, um die Normen und Wertvorstellungen richtig zu deuten. Du solltest also davon ausgehen, daß die geltenden Normen zunächst gute Erfahrungswerte sind, die auch für uns heute Geltung haben und die Du nicht einfach so mißachten darfst, ohne Schaden zu nehmen. Solltest Du dabei aber zur Erkenntnis kommen, daß Deine eigene Erfahrung nicht mit der allgemein geschichtlichen Erfahrung übereinstimmt, dann kann es sein, daß Du Teil eines historischen Umschichtungsprozesses bist, in dem sich neue Erfahrungswerte und neue Normen herausbilden. Dann wärest Du verpflichtet, mit der Gesellschaft, der Du angehörst, ins Gespräch zu kommen, um mitzuhelfen, zum Wohl der Menschen neue Wege für das konkrete Verhalten zu suchen. Wichtig scheint mir, daß Du die kollektiven Erfahrungen, welche die Tradition enthält, ernst nimmst, weil ihre Intention das Leben ist.

7. Tradition als Lebensform:
Die Nachfolge Jesu

Die Tradition verweist uns auf eine zentrale geschichtliche Gestalt, auf Jesus von Nazaret und auf das, was er im Namen Gottes hier auf Erden begonnen hat: das Reich Gottes. Um dieses Reich Gottes zu verwirklichen, ruft Jesus in seine Nachfolge, d.h. in eine spezifisch christliche Lebensform, die Du in der Geschichte an verschiedenen Punkten fassen kannst.

Die Tradition übermittelt uns *Nachfolgegeschichten*. Sie zeigt Dir, welche Möglichkeiten bestehen, um mit Jesus eine lebendige Beziehung zu haben und seine Zielsetzungen mitzutragen in einem konkreten Leben. Du wirst froh sein, auf Maria und ihre totale Empfänglichkeit für das Leben Gottes blicken zu können, auf Maria aus Magdala und ihre Auferstehungsbotschaft, auf Petrus, Johannes, Paulus, die doch so verschieden sind in ihrer Persönlichkeitsstruktur, in ihren Fähigkeiten und auch in ihren Fehlern. Solche Nachfolgegeschichten ziehen sich durch die ganze Kirchengeschichte. Wir sollten sie noch viel mehr zur Kenntnis nehmen: Antonius von Ägypten, Ambrosius, Johannes Chrysostomus (der „lateinamerikanisches Format" hat), die vielen Menschen, die sich auf Jesus bezogen haben und u.U. für ihn gestorben sind. Bis heute enthalten diese Nachfolgegeschichten ein gerütteltes Maß an Zumutung, Aufforderung, Bestätigung, Orientierung für Dich und mich, für alle Menschen, denen es mit der Nachfolge ernst ist.

Diese Nachfolgegeschichten führten oft zu soge-

nannten *„geistlichen Familien"*, die bis heute bestehen. Du kannst Dich also fragen, ob Du Dein Leben nicht mit Gleichgesinnten zusammenleben
willst, die sich auf eine geschichtliche Leitfigur zu-
rückbeziehen. Du kannst wählen, ob Du Dich der
benediktinischen, augustinischen, franziskanischen, dominikanischen, karmelitischen, jesuiti-
schen oder anderen Spiritualitäten anschließen
möchtest. Du kannst das tun in der Form der entsprechenden Orden oder in der Form einer zuge-
ordneten Laiengemeinschaft (Oblaten, Dritter Orden, Gemeinschaft christlichen Lebens...). Im
Zentrum dieser geistlichen Familien stehen die *Orden*. Ihr Ursprung liegt in der Radikalität des
Evangeliums. Du hast sicher schon festgestellt, wie
radikal die Nachfolge Jesu in der Bibel verstanden
wird. Das geht an die Wurzeln, durch Mark und
Bein, ist Feuer und Flamme, fordert den Bruch mit
allem Bisherigen: mit den Banden der Familie, mit
dem Beruf, um nur noch eines zu kennen: Jesus
Christus und das Reich Gottes. Als das Christentum allmählich die ganze Gesellschaft erfaßte, ja
sogar Staatsreligion wurde, ging die Radikalität
des Evangeliums verloren. Das Christentum paßte
sich an, verlor seine fundamentale Andersheit. Da
zogen Männer und Frauen aus, um die ursprüngliche Radikalität zurückzugewinnen und innerhalb
des erlahmten Christentums eine prophetische
Funktion auszuüben, eine Art Provokation innerhalb der Kirche zu leben. (Davon später mehr.) So
entstanden die Orden als Stachel im Fleisch der
Kirche.

Mit der Zeit hat sich auch ein Deutungsmuster
für die Nachfolge Christi herausgebildet: *die evan-*

gelischen Räte. Allerdings gehört dieses Deutungsmuster erst in das zweite christliche Jahrtausend. Man glaubte, daß man das Wesen der Orden, bzw. die ursprüngliche Radikalität des Evangeliums systematisieren könne. Man wollte darin auch schon eine Notwendigkeit erblicken, die im Wesen des Menschen selbst begründet liegt: Die Armut soll das Bedürfnis nach Haben und Besitzen auf brüderlich-schwesterliches Teilen, auf Solidarität und Gemeinschaft hinlenken; der Gehorsam soll das Bedürfnis nach Geltung und Bedeutung auf das große Vorhaben lenken, das Gott mit der Welt hat und das die Zielsetzung der Kirche und der Ordensgemeinschaften ist; die Ehelosigkeit soll das Bedürfnis nach Nähe und Zuwendung auf die große Verheißung beziehen: daß der Tag kommt, an dem Gott alles in allem ist und daß es sich lohnt, ganz auf diesen Tag hinzuleben.

Zwei Dinge sind seit dem Zweiten Vatikanischen Konzil zu bemerken: Zunächst hat man nach dem Konzil dieses Deutungsmuster auf alle Christen angewandt und nicht mehr bloß auf die Orden. Jeder Christ muß sich an der evangelischen Radikalität orientieren, die hinter den Räten steckt. Niemand darf sich mit einem Minimalchristentum begnügen; jeder soll aus dem Überfluß seines Herzens Christ sein. Die ganze christliche Existenz hat die Struktur der Räte. Dann hat man, wie sich immer mehr zeigt, die Dreiheit der Räte aufgelöst. Verheiratete, ganze Familien suchen ganz bewußt Anschluß an die Ordensgeschichte. Sie wollen Armut und Gehorsam unter den Bedingungen von Ehe und Familie leben – so radikal, wie die Orden ursprünglich gelebt haben.

Zum Schluß möchte ich nochmals betonen: Es geht um Dich, um Dein Leben. Tradition ist Ereignis, in dem Du selbst Platz nehmen kannst und sollst, und nicht ein ein für allemal feststehendes möbliertes Haus, in das Du einfach einziehen mußt und an dem Du nichts ändern darfst. Ich hoffe, daß Du in der Begegnung mit der Tradition Dich finden kannst und das Leben spürst.

Der Christ und die Zukunft

Liebe Schwester, lieber Bruder,

wir alle haben unsere Wurzeln, können nicht ohne sie leben. Wir alle brauchen ein Brett, auf dem wir abspringen können, um einen weiten Sprung nach vorn zu tun. Wir brauchen die Tradition. Nichts kann sie ersetzen. Darum kannst Du nie genug der Tradition verpflichtet sein. Allerdings nur, wenn Du sie in ihrer Bedeutung für das Hier und Jetzt erkennst. Und nur, wenn Du dabei nicht vergißt, daß es um die Zukunft der Welt und um die Zukunft des Menschen geht.

1. Es geht um die Zukunft

Ich bin überzeugt, daß der Christ wesentlich *progressiv* sein muß. Bei aller Verpflichtung gegenüber der Vergangenheit, sie ist der Boden, auf dem die Zukunft der Welt wächst.

Erinnere Dich an Abraham: Er muß seine bisherige Geschichte auf Zukunft hin übersteigen: „Zieh weg aus deinem Land..., in das Land, das ich dir zeigen *werde*" (Gen 12,1). Oder denke an Mose: Wie er Gott begegnet, der ihm sagt, daß er das Elend seines Volkes gesehen habe und nun heruntersteigen wolle, um ihm ein *anderes Land* zu geben, in dem sie frei leben und in dem „Milch und Honig fließen" *werden* (Ex 3). Oder denke an die großen Bilder, welche im Alten Testament immer wieder gemalt werden, um das Volk aus der Versklavung an das Hier und Jetzt zu entreißen: ein Kind, das am Loch der Viper spielt; ein Lamm, das neben einem Löwen weidet; Schwerter, die zu Pflügen umgeschmiedet werden; ein großes Mahl, zu dem alle geladen sind; erlesene Speisen und ausgezeichnete Weine, die man gratis haben kann... Du solltest einmal das Alte Testament unter diesem Gesichtspunkt lesen. Dann wirst Du vielleicht begreifen, warum es immer wieder die Juden sind, die einen langen Atem haben, eine große Sehnsucht, Ausdauer und Geduld. Sie haben eben eine Vision von einer ganz anderen Welt, die Gott ihnen bereitet.

Im Neuen Testament ist es im Grunde nicht anders. Nur müßten wir vielleicht das Evangelium mehr im Zusammenhang mit der vorchristlichen Bibel lesen. Aber eigentlich könnte schon ein Blick auf Jesus klar zeigen: Letztlich geht es nicht um Jesus (da müßten wir unsere Sicht der Dinge vielleicht erheblich ändern!); er hat immer von sich weggewiesen: auf den Vater, der hier und jetzt Leben schafft; auf sein geduldiges Warten auf die Heimkehr des Menschen; auf den Menschensohn, d. h. auf eine menschliche Welt, die an die Stelle einer animalischen Welt (vgl. Dan 7) tritt; auf das Reich Gottes, das entsteht, wenn das Böse weicht, wenn Kranke gesund und Gequälte vom Leiden geheilt werden, wenn Tote aus den Gräbern und aus der Verwesung aufstehen für ein neues Leben, wenn Feinde, Fremde und Ausländer Nächste werden, wenn die Schuldscheine zerrissen sind und nur noch Liebe ist. Ich müßte Dir jetzt alles in Erinnerung rufen, was uns die vier Evangelien von Jesus erzählen: Jesus erzählt nicht von sich selbst, sondern von einer neuen Welt; er macht nicht auf sich aufmerksam, sondern auf das neue Leben; er stellt nicht sich in den Mittelpunkt, sondern den Menschen, der eine neue Zukunft haben soll.

Du kannst also, wenn dem so ist, nicht zufrieden sein mit der Welt, in der Du lebst. Du mußt Dich mit anderen zusammen aufgerufen wissen, die Zukunft, für die sich Jesus engagiert hat, so zu sehen, wie sie von Gott her sein soll. Du mußt Dir selbst und den Menschen, die Dir begegnen, Bilder von einer anderen Zukunft malen. Du mußt ein Mensch sein mit visionärer Kraft. Dein Blick muß immer über das hinausgehen, was hier und jetzt vorhanden ist. Und Du darfst nie stehen bleiben bei dem, was Du für Dich oder andere erreicht hast oder was eine Gemeinschaft zustande gebracht hat. Es gibt unendlich viel mehr und unendlich viel anderes, als Du Dir zu erträumen wagst. Aber träumen von dieser Zukunft solltest Du allemal.

Aber nicht nur träumen allein, sondern auch handeln. Der Übergang vom Träumen zum Handeln geschieht schon dann, wenn Du Deinen Traum erzählst, wenn Du anderen Deine Sehnsüchte mitteilst, wenn Du die Vision von einer anderen Welt weiterträgst. Du kennst sicher das brasilianische Sprichwort: „Wenn einer träumt, bleibt es ein Traum; wenn zwei miteinander den gleichen Traum haben, wird der Traum Wirklichkeit". Und dann wirst Du nicht mehr lange zuwarten, bis Du auch etwas unternimmst, um das Jetzt auf Zukunft hin zu überschreiten. Du wirst eben „progressiv" sein, voranschreiten, und nicht stehen bleiben, weil Du überzeugt bist, daß Gott seine Geschichte vollenden will und daß seine Verheißungen immer ihre Gegenwart haben und aktuell sind.

2. Zukunft ansagen und verwirklichen

Das Neue Testament bezieht einen alttestamentlichen Ausdruck auf die ganze Kirche, also auch auf jeden einzelnen Christen, auf Dich und mich. Petrus deutet nämlich das Pfingstereignis als Erfüllung einer alten Verheißung: „In den letzten Tagen (nämlich hier und jetzt, vom ersten Pfingsten an immer) wird es geschehen: Ich werde von meinem Geist ausgießen über *alles Fleisch. Eure Söhne und eure Töchter werden Propheten sein, eure jungen Männer werden Visionen haben, und eure Alten werden Träume haben. Auch über meine Knechte und Mägde werde ich von meinem Geist ausgießen in jenen Tagen, und sie werden Propheten sein"* (Apg 2, 17 f).

Du bist ein Prophet, sollst es sein, weil Du Christ bist! Ein Prophet sagt die Zukunft an. Er hört in sein Inneres, um dort die Bilder zu finden, mit denen die Zukunft, auf die wir zugehen, ausgedrückt werden kann. Denn anders als in Bildern kann niemand von der Zukunft Gottes reden. Er schaut in die kleine und in die große Welt, um Zeichen zu entdecken, die auf das Kommen der Zukunft hinweisen. Er ertastet in den Phänomenen der Welt, in den Ereignissen und Vorkommnissen des Alltags, in den großen Tendenzen und Bewegungen der Zeit das Reich Gottes. Er deutet, was er sieht, unterscheidet zwischen dem, was „Christum treibet", um es mit Martin Luther zu sagen, und dem, was mangelhaft, irrig oder gar Schuld ist. Das eine gewichtet er, das andere darf demgegenüber in den Hintergrund treten. So begreift er die Gegenwart als einmalige Chance, einen Schritt weiter in die Zukunft hinein zu tun.

Die Zukunft ansagen und verwirklichen – so könntest Du Deine Aufgabe als Christ umschreiben. Du mußt also beachten, daß es immer um die unauflösliche Einheit von Wort und Tat geht. Darum wird verständlich, daß das Prophetische als Lebensform in dem Moment wieder entdeckt wurde, als man sich innerweltlich verlor und sich auf die bloße Verkündigung des Wortes beschränkte. Die Orden entstanden, die einen prophetischen Ruf in die Kirche hinein wagten. Darum hat man immer von den Orden als einem „eschatologischen Zeichen" gesprochen. Leider hat man aber immer wieder über den Bart des Propheten gesprochen statt über den Propheten selbst. Mit anderen Worten: Man diskutierte über das Kleid, das den Zeichencharakter der Orden darstellen sollte, statt über die Lebensform, die an sich – Kleid hin oder her – wesentlich prophetisch ist.

3. Zeichen und Symbole

Betrachten wir also weniger den Bart und schauen wir auf den Propheten. Du wirst mit mir einig gehen, daß *Teresa von Kalkutta* eine Prophetin ist. Ihr ganzes Leben weist über die Welt hinaus, in der sie lebt und wirkt. Die indische Gesellschaft ist ja wesentlich durch ein Klassendenken bestimmt, das leider sogar religiös begründet wird (Reinkarnation). Vor allem die untersten Schichten, die „Unberührbaren", sind die Opfer dieses Denkens. Nun kommt eine Frau im Namen Gottes: sie berührt diese Menschen, nimmt sie in die Arme, drückt sie an ihr Herz, bleibt bei ihnen bis zuletzt, begräbt sie nach ihrem Tod. Das ist ein Leben „nicht von dieser Welt", sondern von einer anderen Welt, von der Zukunft, von der wir Christen träumen.

Am Weihnachtstag 1985 brachten die Medien einen Beitrag, der mich froh machte, weil er für mich ein prophetisches Zeichen war und mich auf eine ganz andere Welt verwies. Die gleiche Teresa von Kalkutta hat mit ihren Schwestern in New York eine neue Klinik eröffnet: für AIDS-Kranke, mit denen heute niemand zu tun haben möchte. Hier sollen sie von den aufmerksamen Händen der Schwestern gepflegt werden, sollen bis zuletzt wissen: ich bin ein Mensch unter Menschen, angesehen und geachtet. Teresa erwirkte vom Staat auch die Überführung AIDS-kranker Häftlinge in diese Klinik, weil die Menschlichkeit des Menschen durch kein Verbrechen und keine Straftat verdeckt werden kann. Ist das nicht ein Zeichen, das über diese Welt hinausweist, auf jene Zukunft hin, die wir hoffentlich bald einmal greifen?

Am gleichen Tag vernahm ich aus den Nachrichten, daß ein *junger Mann in Lausanne* die Weihnachtstage auf einer Brücke verbrachte. Er ertrug Kälte und Wind, übernachtete auf der Brücke, aß und trank da – weil er auf die vielen Menschen wartete, die, wie er aus vergangenen Jahren wußte, gerade in diesen Tagen, an denen man von Liebe und Geborgenheit spricht, ihrem Leben mit dem Sprung von dieser Brücke ein Ende setzen. Ein Zeichen für die Welt, nicht nur Worte, sondern Wirklichkeit auch für jene, die keinen Menschen haben, mit dem sie reden können oder der sie in die Arme nimmt.

Ich möchte Dir auch von einem Theaterstück erzählen, das mich vor Jahren im Zürcher Schauspielhaus sehr beeindruckt hat: „Der Prozeß von Catonsville" (ich hoffe, daß ich den Titel noch richtig im Kopf habe). Es handelt von einer Anzahl mutiger Christen (Priester, Ordensleute, Laien), die sich „Pflugscharleute" nennen und sich um die Brüder *Berrigan* geschart haben. Das Theaterstück stammt von einem dieser Brüder selbst. Es erzählt, wie die Gruppe eines Tages in ein Aushebungsbüro der amerikanischen Armee eindrang, dort die Aufgebote zum Kriegsdienst in Vietnam entwendete, sie dann auf dem Stadtplatz im Beisein des vorher bestellten Fernsehens mit Napalm übergoß, dem gleichen Kampfstoff, den man im mörderischen Dschungel von Vietnam einsetzte. Vielleicht wirst Du sagen, daß das zu weit geht. Trotzdem meine ich, daß es sich um eine prophetische Provokation handelt und über die Kriegsmentalität hinausweist – auf eine Welt, in der es kein Vietnam und keinen Krieg mehr geben darf. Etwas von dieser Welt wurde erfahrbar, als im Theater in Zürich alle Zuschauer aufgefordert wurden, aufzustehen und mit den Schauspielern zusammen das Vaterunser zu beten.

Von diesen Pflugscharleuten gibt es viele andere Zeichen, die den gleichen Charakter haben. Du kannst Dich selber ein wenig in diese Zeichen hineinbegeben, wenn Du das genannte Theaterstück liest oder sogar siehst, wenn Du den Film („In Sachen King of Prussia") über eine andere prophetische Aktion anschaust oder ein Buch von den Berrigans zur Hand nimmst. Einmal sind sie in eine Fabrik für Atomsprengköpfe eingebrochen, haben die Sprengköpfe mit dem eigenen Blut bespritzt und dann zerstört, bevor die Polizei kam, um sie abzuführen. Auch das eine prophetische Provokation, die gleichzeitig ein Bruch staatlicher Gesetze, „ziviler Ungehorsam" ist!

Eine tief religiöse Symbolik steht hinter diesen Zeichen: Ein Ding wird aus dem gewöhnlichen Zusammenhang herausgelöst: Aufgebote, Napalm, Atomsprengköpfe, Blut – ähnlich wie in den Sakramenten das Brot, das Wasser, die Hand –, um daran neue Zusammenhänge, eine andere Welt erfahrbar zu machen. Es sind „Zeichen für das Leben gegen den Tod" statt „Zeichen für den Tod gegen das Leben" – und darum wahrhaft prophetische Zeichen, besonders wenn noch das Blut hinzukommt, dieses Blut, das an das Blut erinnert, das für alle vergossen ist.

Nimm doch einmal das Neue Testament in die Hand und schau Dir die Zeichen Jesu und seiner Jünger an: am Sabbat Ähren pflücken und heilen; die Händler zum Tempel hinausjagen; bei einem

Zöllner sich einladen; ein Dach durchbrechen, um einen Kranken vor Jesus zu bringen – all diese Handlungen verletzen bestehende Gesetze, sind „ziviler Ungehorsam", Protest und Provokation, eben prophetische Zeichen, die eine grundsätzlich andere Welt greifbar machen wollen und für die Jesus schließlich geopfert wird. Und so wird das Kreuz einerseits zum Zeichen, das alle zu tragen bereit sein müssen, die in der prophetischen Tradition stehen, anderseits aber auch zum prophetischen Zeichen schlechthin: Es steht da für eine Welt, in der die radikale Liebeshingabe der erste und letzte Wert ist, in der die volle Verausgabung für das Leben der Welt Erfüllung und Glück ist.

Selbstverständlich ist bei dieser Art Zeichen zu sehen, daß es nicht um den Ungehorsam an sich geht, sondern immer um die neue Welt, die man ansagen und hier und jetzt verwirklichen will. Wo das anders als durch illegale Mittel geschehen kann, soll es anders geschehen. Aber oft bleibt kein anderer Ausweg.

4. Kritik im Namen der Zukunft

Was ich Dir bisher zur prophetischen Dimension gesagt habe, muß jetzt noch unter einen besonderen Gesichtspunkt gestellt werden. Ich bin überzeugt, daß Du als Christ immer ein kritischer Mensch sein mußt. Du darfst Dich nie abfinden mit dem, was ist. Du kannst Dich nie identifizieren mit einer Partei, mag sie sich auch einen christlichen Beinamen gegeben haben, mit einem Staat, mag er sich noch so christlich gebärden, mit einer bestimmten Methode, mag sie bisher noch so gut funktioniert haben, mit einer Institution, mag sie noch so hilfreich gewesen sein.

In allem, was der Mensch tut oder einrichtet, wird mit der Zeit ein Mechanismus wirksam: Es geht nicht mehr um die Zukunft, um das noch Bessere, um das viel Größere, um das noch Angemessenere, sondern ganz einfach um die Erhaltung dessen, was man erreicht hat. Dann geht es um die Institution, um die Organisation, um das Gesetz, um die Methode – nicht mehr um das Leben, nicht mehr um den Menschen, nicht mehr um die Beziehungen, nicht mehr um die Liebe, nicht mehr um die Zukunft einer ganz anderen, von Gott gewollten Welt. Und oft schlägt dann alles um: eine Revolution, die angetreten ist im Interesse des Volkes, frißt ihre eigenen Kinder, wie ein Sprichwort sagt; ein Haus, das einfach gebaut wurde und für den Dienst an der Jugend eingerichtet wurde, wird immer mehr perfektioniert, bis die Preise dann plötzlich so sind, daß sie von den Jugendlichen nicht mehr bezahlt werden können; eine Politik, die mit großen humanitären Werten angetreten ist, endet in Bestechlichkeit und Angeberei; ein Land, das den Frieden sichern möchte, exportiert den Tod durch Terror, Krieg, Rüstung... Ich müßte fortfahren, um an möglichst vielen Beispielen zeigen zu können, wie notwendig das prophetische Engagement ist. Prophetische Kritik ist notwendig, immer wieder und in allen Situationen, auch in den kirchlichen Gemeinschaften.

Ich kann darum nicht verstehen, daß das Wort „Kritik" einen so schlechten Ruf hat. Wer sich als Christ verstehen will, muß sich als Kritiker von allem verstehen, was unmenschlich ist oder zum Tode führt. Denn er will in Wort und Tat über diese Welt hinausweisen.

Die *Kirche* als ganze müßte, noch viel mehr als sie es tut, eine kritische Funktion innerhalb der Welt ausüben. Eine Enzyklika „Laborem exercens" ist kritische Prophetie. Denn einer Welt, in der das Geld alles ist und der Mensch nur in Kategorien des Kapitals beurteilt wird, muß die Vision einer Welt entgegengehalten werden, in der der arbeitende Mensch in den Mittelpunkt gerückt wird, um den alles andere sich anordnen muß. Die amerikanischen Bischöfe halten in kritischer Prophetie der Verteidigungspolitik ihres Landes und der westlichen Welt ein anderes Verhalten entgegen, in dem mehr Leben, mehr Frieden, mehr Gerechtigkeit, mehr Menschlichkeit investiert sind.

Einzelne können – eben weil sie einzelne sind und nicht auf die Zustimmung anderer angewiesen sind – viel weiter gehen. Der *Erzbischof von Seattle, Raymond Hunthausen,* ist, wie Du selber feststellen kannst, sehr revolutionär in seiner Aussage:

„Es tut mir leid, aber ich muß mich selbst und jeden von euch daran erinnern, daß Jesus mit ‚dem Kreuz' (Mk 8, 34 ff) jenes Marterholz meinte, mit dem man im Römischen Reich Menschen hinrichtete, die man für Revolutionäre hielt. Jesu vornehmstes Gebot im Evangelium ist, Gott und den Nächsten zu lieben. Wenn aber dieses Gebot leibhaftige Gestalt annimmt durch den ausdrücklichen Ruf zum Kreuz, so fürchte ich, daß ich, wie die meisten von euch, lieber in abstrakten Begriffen denke, und nicht in dem konkreten Zusammenhang, in dem unser Herr gelebt hat und gestorben ist. Jesu Ruf zum Kreuz war ein Ruf, Gott und den Nächsten in so direkter Weise zu lieben, daß es die maßgebenden Autoritäten nur für subversiv und revolutionär halten konnten. ‚Sein Kreuz nehmen‘, ‚sein Leben verlieren‘ bedeutete, bereit zu sein, unter den Händen der politischen Obrigkeit für die Wahrheit des Evangeliums und für die Liebe Gottes, die uns alle eint, zu sterben. Als Nachfolger Christi müssen wir auch im Atomzeitalter unser Kreuz aufnehmen. Ich glaube daran, daß eine offensichtliche Bedeutung des Kreuzes *einseitige Abrüstung* heißt. Jesus nahm das Kreuz an und nicht das Schwert, das zu seiner Verteidigung gezogen wurde. Das ist das Bekenntnis zur einseitigen Abrüstung. Wir sind zur Nachfolge aufgerufen.

Unsere Sicherheit als gläubige Menschen liegt nicht in dämonischen Waffen, die alles Leben auf Erden bedrohen. Unsere Sicherheit liegt in einem liebend sorgenden Gott. Wir müssen unsere Terrorwaffen abschaffen und uns auf Gott verlassen. Einige sagen mir, einseitige Abrüstung sei Wahnsinn angesichts des atheistischen Kommunismus. Ich finde, Atomrüstung ganz gleich von welcher Seite, ist atheistisch und erst recht ein Wahnsinn. Andere sagen mir, einseitige Abrüstung in diesem Land sei eine politische Unmöglichkeit. Wenn das der Fall ist, dann liegt es vielleicht daran, daß wir vergessen haben, wie es wäre, wenn wir aus dem Glauben heraus handelten.

Aber ich plädiere hier für einseitige Abrüstung nicht als Parteiprogramm – mit dieser Forderung kann man keine Welt gewinnen –, sondern als moralischen Imperativ für solche, die Christus nachfolgen wollen. Wir haben nur die eine Wahl: Wer sein eigenes Leben retten will durch Atomwaffen, wird es verlieren; wer aber sein Leben verliert, weil er auf diese Waffen verzichtet um Jesu willen und um des Evangeliums der Liebe willen, der wird es erhalten... Ich weiß, daß man über spezielle Taktiken endlos argumentieren kann; aber ganz gleich, wie sehr wir in den Methoden auseinandergehen, eines wenigstens ist gewiß: Wir müssen wieder und wieder fordern, daß unsere politischen Führer sich für Frieden und Abrüstung einsetzen und nicht in erster Linie für

Krieg und ,Nachrüstung'. Wir müssen verlangen, daß Zeit und Kraft und Geld in erster Linie dafür eingesetzt werden, daß jedermann erfährt, daß die Vereinigten Staaten *nicht* in erster Linie die stärkste Militärmacht der Welt sein wollen, sondern der stärkere Anwalt für den Frieden. Wir müssen jeden Politiker in Frage stellen, der ständig über den Bau von Waffen redet, jedoch nie über Friedensbestrebungen. Wir müssen das ganze Volk auffordern, seine Bedenken zu äußern gegen eine Regierung, welche Völker, die Nahrung brauchen, mit Waffen versorgt; welche für Militärausgaben stets ein offenes Checkbuch hat, während sie, um ihr Budget auszugleichen, die Unterstützung der Armen drastisch beschneidet; welche Zeit, Energie und Geld hauptsächlich zur Entwicklung einer Kriegsstrategie aufwendet statt für eine Strategie des Friedens ... Der Atomrüstungswettlauf *kann* gestoppt werden.

Die Atomwaffen *können* abgeschafft werden, meine Schwestern und Brüder, das glaube ich aus vollem Herzen im Vertrauen auf Gott. Der Schlüssel zu einer atomwaffenfreien Welt ist das Kreuz, das im Mittelpunkt des Evangeliums steht, und unsere Antwort darauf. Die ungeheure Verantwortung, die mir und euch in diesem atomaren Zeitalter auferlegt ist, ist unser Bekenntnis zu einem Gott, der den Tod in Leben verwandelt hat durch die Person Jesu Christi. Wir müssen diesen Glauben in die Tat umsetzen. Das Leben selbst hängt davon ab. Unser Glaube sieht die Verwandlung des Todes durch das Kreuz der leidenden Liebe als ein fortdauerndes Geschehen. Es ist unser Weg in die Hoffnung auf eine neue Welt. Jesus machte es klar, daß die Geschichte vom Kreuz und vom leeren Grab nicht mit ihm zu Ende war. Gott sei Dank, sie ist es nicht. In einer Zeit, die vom Tode bedroht ist, brauchen wir eine Wiedererweckung durch den allmächtigen Gott. Gott allein ist unsere Rettung, wenn wir – jeder von uns in seinem Leben – das Kreuz der Gewaltlosigkeit und der leidenden Liebe auf uns nehmen. Nun bitten wir den Heiligen Geist, uns alle in diese gewaltfreie Aktion hineinzuführen, zu unserem Kreuz und zu der neuen Erde, die dahinterliegt."

Sind das nicht prophetische Worte? Nur: Hunt-hausen bleibt nicht dabei. Er will auch etwas tun, und zwar in der Form des bereits erwähnten „zivilen Ungehorsams". Er verweigert jenen Teil der Steuern, die der Staat für militärische Zwecke einsetzt. Für diese Tat muß der Erzbischof vor den Gerichten sich verantworten, womöglich auch sterben. Er sollte, wie Du vielleicht weißt, vom Vatikan abgesetzt werden. In diesen Tagen, in denen ich das schreibe, konnte der Bischof nach jahrelangem Kesseltreiben und nach demütigenden Untersuchungsmethoden wieder das Vertrauen Roms entgegennehmen.

Noch ein Beispiel kritischer Distanz möchte ich Dir nennen: *H. Spaemann* fühlte sich gezwungen, gegen das Friedenspapier der deutschen Bischöfe Stellung zu nehmen. Aus der Mitte der Heiligen Schrift und aus seiner Erfahrung im Umgang mit Kranken heraus formuliert er seinen „Appell" gegen die Natodoktrin im Allgemeinen und gegen die Äußerungen der Bischöfe, welche diese Doktrin nicht grundsätzlich, aber doch vorläufig stützen. Und er meint, daß alle, die zum Thema Frieden und Gerechtigkeit etwas zu sagen haben, besonders wenn es Politiker sind, eine Zeitlang ganz konkret bei Kranken und Behinderten arbeiten sollten.

5. Kompromiß

Es ist interessant, wie verschieden diese Gedanken aufgenommen werden. Ich habe sie hintereinander in zwei deutschen Städten in Form eines Vortrags vorgebracht. In einer Stadt wurde mir heftig widersprochen, in einer anderen ebenso leidenschaftlich zugestimmt. Das hängt eben von der Grundausrichtung der Zuhörer ab.

Umgekehrt war es bei einem anderen Gedanken, den ich mit meinen Ausführungen verband. Ich habe nämlich auf die Kompromißbereitschaft hingewiesen, die wir als Christen aufbringen müßten. Ich bin ganz entschieden der Meinung – und das hast Du sicher aus meinem Brief herausgehört –, daß wir, viel mehr als wir es sind, radikal und prophetisch sein sollten. Aber auch das andere gilt, nicht gleichzeitig gewiß und vielleicht nicht von den gleichen Leuten, daß es den Kompromiß braucht. Wir leben in einer pluralistischen Gesellschaft, in der die vielen Gruppierungen miteinander und gegeneinander kämpfen. Da muß jeder auf Idealvorstellungen verzichten, um überhaupt etwas verwirklichen zu können. Vielleicht muß er sogar in einem Gebiet Hand für eine schlechte Lösung bieten, um auf einem anderen Gebiet etwas Besseres zu erreichen. Damit überhaupt etwas geschieht, damit das Reich Gottes innerweltlich Gestalt annimmt, muß der Christ dialogfähig sein und die Kunst des Möglichen ausbilden. Und auch das hat sehr viel zu tun mit der Spiritualität, um die es uns hier geht.

Allerdings: Auch hier gilt: Der Christ kann seine eigentliche politische Kraft nur haben, wenn er in seinem Innersten Visionär ist, wenn er Widerstand anmeldet, prophetisch und progressiv.

Liebe Schwester, lieber Bruder, ich wünschte mir, daß wir wieder mehr von diesem Heiligen Geist spüren, der uns zu Propheten macht.

Brief 9

Die Kirche und die Armen

Liebe Schwester, lieber Bruder,

mein letzter Brief hat gezeigt, daß wir nicht einfach zu einem idyllischen Christentum berufen sind, sondern ein prophetisches Profil gewinnen müssen.

Auch dieser Brief liegt auf dieser Linie. Ich möchte darin zeigen, wie sehr uns die Armen dieser Welt als Aufgabe gegeben sind.

1. Mit den Armen beten

Seit jeher betet die Kirche die alttestamentlichen *Psalmen*. Wenn Du auch zu denen gehörst, die sie mögen und oft zum eigenen Gebet machen, dann wird Dir aufgefallen sein, daß etwa zwei Drittel davon Gebete der Armen sind. Die da beten, sind Arme, die in dieser Welt keine Hoffnung mehr haben können, also materiell Arme, an den Rand Gedrängte, von den Reichen und Mächtigen Ausgebeutete, unschuldig Verfolgte. Sie heißen darum auch die „Demütigen", die „Frommen", die „Gerechten". Ich denke, daß unser Beten ganz anders würde, wenn wir diese Herkunft der Gebete mehr bedenken würden. Wie soll ich die Psalmen beten, wenn ich nicht arm bin? Kann ich es überhaupt? Das Mindeste, was ich tun muß: mir konkret Arme vorstellen und in ihrem Namen beten, mich zum Sprecher der Armen vor Gott machen.

Auch das *Magnifikat,* das zum täglichen Gebet der Kirche gehört, spricht von denen, die Hunger haben, von den Gedemütigten und Erniedrigten, von denen, die nichts haben, aber auch von denen, auf die Gott schaut, denen er alles in die Hände geben wird, die er aufrichtet und auf den Thron setzt. Es ist ein revolutionäres Lied und müßte eigentlich auch zu einem ganz anderen Leben führen, wenn wir es ernst nähmen. Du wirst spüren, wie Dein Gebet Intensität gewinnt, Tiefe und Kraft bekommt, wie der Schrei dringend wird, wenn Du dieses Gebet der Kirche im Namen der Armen betest, die Dir täglich begegnen oder von denen Du hörst. So könnten Fernsehen, Radio und Zeitung, die von den Armen in aller Welt berichten, vor allem aber auch Dein tägliches Leben Dein Beten befruchten.

2. Für die Armen einstehen

In meinem letzten Brief habe ich Dir den Begriff „Prophetie" gedeutet. Jetzt muß ich dazu einiges nachtragen. Denn eine Bedeutung von Prophet ist „Fürsprecher der Armen" nicht nur vor Gott, sondern vor allem in der Öffentlichkeit. Tatsächlich kannst Du feststellen, wie die Propheten des Alten Testamentes für die Witwen und Waisen, für die Verfolgten und Ausgebeuteten, für die Armen eintraten. Sie verkünden den Gott der Armen, den Vater, der auf der Seite der Kleinen und Verachteten steht, einen Bund, der seinen Sinn in der Gerechtigkeit hat: „Barmherzigkeit will ich, nicht Opfer". Ein Fasten, das Gott gefällt, besteht darin, daß man sich den Armen und den Kleinen zuwendet und für sie ein menschenwürdiges Dasein fordert.

Auch Jesus sieht seinen Lebenssinn darin, den Armen das Evangelium zu verkünden (Lk 4, 16 ff). Und ausformuliert heißt das auch: Licht den Blinden, Beweglichkeit den Lahmen, Freiheit den Gefangenen, Sprache den Mundtotgemachten, Ansehen den Verachteten, Gnade den Schuldiggewordenen, Leben den Toten.

Man kommt nicht um den Eindruck herum, daß die Armen „die Privilegierten Gottes" sind, wie sich die Deutsche Synode ausgedrückt hat. Das Evangelium ist primär eine gute Nachricht für die Menschen, die innerweltlich kaum mehr etwas zu erwarten haben (vgl. die Bergpredigt). Jesus ist der Messias der Armen, die Kirche sollte in seiner Nachfolge Kirche der Armen sein, der einzelne Christ ein Anwalt der Armen.

Wo aber sind die Armen in der Pastoral der Kirche? Welchen Platz haben sie in unseren Gottesdiensten? Vor allem aber: Welche Bedeutung haben sie in meinem, in Deinem Leben?

3. Die Armen vorziehen

Wir singen in einem Kirchenlied: die Armen und die Reichen liebt Gott in gleicher Weise. Das kann nur aus einem fundamentalen Mißverständnis der Bibel so formuliert worden sein. Natürlich liebt

Gott auch die Reichen, und selbstverständlich sind sie von seinen Verheißungen und seiner Gnade nicht ausgeschlossen. Die Option für die Armen, wie man das heute nennt, ist nicht eine Entscheidung *gegen,* sondern *für* eine bestimmte Menschengruppe. Gott preist die Armen selig, die Verfolgten, die Trauernden, die Menschen, die Hunger und Durst haben nach Gerechtigkeit. Gott will auch die Reichen in seine Liebe miteinbeziehen. Er wird es auch immer wieder tun, sofern diese bereit sind, sich zu engagieren für sein Reich, und das bedeutet, daß die Armen Anteil bekommen am Leben, an den Gütern – gerade auch durch die Bereitschaft der Reichen, Anteil zu geben, zu teilen. Gott liebt die Reichen, wenn sie sich zusammen mit ihm auf den Weg zu den Armen begeben.

4. *Bei den Armen in die Schule gehen*

Von der *Wissenschaft* verlangt man, objektiv zu sein. Ich bin immer weniger überzeugt, daß es eine objektive Wissenschaft überhaupt gibt. Immer mehr sehe ich, wie die Interessen versteckt oder offen die Wahrheitssuche leiten und dann eben nur das hervorbringen, was einem dienlich ist. Darum bin ich – und fühle mich darin eins mit einem langen Strom christlicher Tradition – für eine Wissenschaft, die bereits von Anfang an weiß, wofür sie da ist und für wen sie die Welt deuten will. Ich bin für eine Wissenschaft und eine ihr zugeordnete Technik, die sich leidenschaftlich für die Benachteiligten dieser Welt und für das Leben einsetzt.

Eine solche Wissenschaft hat sich schon früh ausgebildet. Sie kommt z. B. zum Ausdruck in dem berühmten *Wort Gregors des Großen:* „Die Armen sind unsere Lehrer, die Demütigen unsere Gelehrten". Diesen Satz solltest Du Dir merken. Er wird mit der Zeit sein Geheimnis preisgeben. Was Wahrheit ist, ergibt sich aus der konkreten Begegnung mit Armen, die uns die Wahrheit offenbaren. Und da die Armut immer in konkreten Menschen erscheint, hat sie unendlich viele Gesichter. Von jedem einzelnen kannst Du etwas für Dein Leben lernen und bereichert werden. Vielleicht liest Du einmal das Buch von B. Charlemagne, einem französischen Kapuziner, der ausgezogen ist, um die Armut zu studieren. Seit 20 Jahren lebt er unter den Armen und weiß heute immer noch nicht, was Armut ist, besonders da sich hinter der konkreten Armut noch ein unendlich großes Meer von Armut auftut. Wenn Du mit einer solchen Haltung an die konkrete Not und an die vielfältige Armut unserer Welt herangehst, dann wirst Du in eine ständige Schule genommen. Du wirst sehen, daß Du nie ausgelernt hast und immer wieder am Anfang stehst. Du wirst in der Universität Gottes, wie ich die Begegnung mit den Armen einmal nennen möchte, eine Lebensweisheit geschenkt bekommen, die alle theoretische Wissenschaft um ein Vielfaches übertrifft. Wir wissen heute, daß es darauf ankommt, daß die Wissenschaft die richtigen und wesentlichen Fragen stellt und daß die Technik die richtige Zielsetzung bekommt. Diese Fragen kann die Wissenschaft nicht theoretisch aus sich heraus entwickeln. Die Praxis allein wird diese Fragen aufwerfen, über die man dann theoretisch und systematisch nachdenken kann und die dann auch verändernd zur Praxis zurückführen, vielleicht sogar eine ganz neue Praxis in Gang bringen werden.

Aus einer späteren Zeit stammt der Satz: „In mente debet praeponi pauper diviti" – „Im Seelengrund muß der Arme dem Reichen vorangestellt werden". Diesen Satz mußt Du zunächst von der Mystik aus betrachten. Dort, wo Du mit Gott in Berührung kommst, mußt Du Dich mit dem Armen solidarisieren, ja identifizieren. So weit diese Einheit mit Gott auch eine gedankliche Dimension hat, heißt das auch: Du mußt ganz und gar erfüllt sein von dem Gedanken, daß der Arme das Kriterium ist für Deine Einheit mit Gott. Du wirst spüren, wie grundsätzlich und tief diese *Aussage Hildemars* ist. Du mußt anfangen, alles, was Du fühlst, vom Armen her zu fühlen, alles, was Du denkst, im Blick auf die Armen zu denken. So wirst Du emotional und gedanklich immer mehr vom Standpunkt der Armen geprägt.

Die Bedeutung dieses Aspekts unserer christlichen Spiritualität wird mir immer klarer. Wir werden unsere Welt anders organisieren müssen, wenn wir überleben wollen. Wir werden eine andere wissenschaftliche Analyse brauchen, eine andere Ökonomie, eine andere Technik, ein anderes systematisches Denken, eine andere Politik. Nur wenn die Armen zum Kriterium erhoben werden, werden wir die zunehmende Verelendung der Welt stoppen und eine brüderlich-schwesterliche Welt herbeiführen können.

In unseren Tagen hat dieses neue Denken zur sogenannten *Befreiungstheologie* geführt. Von vielen wird sie als überflüßig bekämpft, leidenschaftlich verfolgt und verleumdet. Ich möchte hier nicht näher darauf eingehen. Aber ich muß auf etwas hinweisen, was gerade fromme Leute immer als Argument gegen diese Theologie anführen. Sie verweisen auf Teresa von Kalkutta und meinen, damit sei bewiesen, daß der Überfluß des Herzens genügt, daß eine Theologie der Befreiung völlig überflüssig sei. Wir bräuchten nur mehr Persönlichkeiten vom Niveau der großen Frau in Indien, und das Problem der Armut wäre gelöst. Das allerdings ist die große Täuschung. Du wirst aus früheren Bemerkungen noch in Erinnerung haben, daß ich eine hohe Achtung vor Teresa habe und eine große Meinung von dieser Frau. Daß es aber auch da eine Theologie der Befreiung brauchen würde, zeigt schon meine Bemerkung, daß das Schicksal der „Unberührbaren" etwas mit der Reinkarnation zu tun hat.

Mit anderen Worten: Man müßte nach den Gründen fragen, warum es dieses Elend gibt, dem Teresa begegnet; man müßte die Situation genau analysieren, müßte nach den besten Methoden fragen, mit denen man die Situation verändern kann, müßte sich Ziele setzen, die man konsequent befolgen sollte usw. Nein, es genügt nicht, aus dem Überfluß des Herzens zu helfen, so wichtig und unersetzlich dieser Überfluß ist. Wem es wirklich um die Armen geht, der muß alles Nötige dafür tun, daß sich die Verhältnisse ändern, die immerzu Arme produzieren. Sonst wird gerade die überfließende Liebe schuld am ständigen Elend. Die Theologie der Befreiung ist heute unverzichtbar geworden, nicht nur in Lateinamerika, sondern in der ganzen Welt.

5. Mit den Armen leben

Wenn Du einmal erkannt hast, welche Bedeutung die Armen für Dein Leben haben, wirst Du Dein Leben anders gestalten wollen. Irgendwie wirst Du auch mit den Armen leben wollen, eine Lebensform wählen, die sich an den Armen orientiert. Innerhalb der Geschichte gibt es, wie Du weißt, die Tradition der geistlichen Armut. Ich muß Dich allerdings bitten, genau hinzuschauen, damit Du siehst, was damit gemeint ist. Erst relativ spät kam die Ordensgeschichte darauf, daß die freigewählte Armut ein Leben unter Armen ist.

Zunächst war etwas anderes gemeint: nämlich *innergemeinschaftliche Solidarität* (Pachomius). Die ersten Mönche wollten untereinander eine konsequente Bruderschaft leben. Ihre individuelle Armut sollte sichern, daß die Brüder unter sich gleich waren, daß keiner mehr als der andere hatte. Alles sollte aus der gemeinsamen Kasse finanziert werden, jeder sollte seine Bedürfnisse aus dieser Kasse bezahlen können. Die Gemeinschaft selbst war reich. Sie war zwar offen für die Armen, denen sie oft ein Gastrecht zuerkannte. Es war aber nicht ihre Absicht, die gleichen gesellschaftlichen Bedingungen wie die Armen auf sich zu nehmen.

Das zweite Motiv war ein *asketisches*. Man wollte auf möglichst alles verzichten, weil man der Meinung war, das Böse habe sich mit dem Materiellen verbunden (Theophor). Dazu brauche ich Dir nicht mehr viel zu sagen, weil ich darüber schon in einem früheren Brief ausführlich gesprochen habe. Armut auf dieser Ebene hat heute einen guten Sinn als *Konsumaskese*.

Das Motiv, um das es hier geht, findest Du, ausgestaltet und konsequent gelebt, erst in den Armutsbewegungen des zweiten Jahrtausends. Diese Armut war wesentlich identisch mit der Armut der Armen, *konsequente Solidarität* mit Bettlern, Aussätzigen, Arbeitslosen... Diese Solidarität ist aus ganz bestimmten wirtschaftlichen Gegebenheiten hervorgegangen, sonst würde sie nicht vorwiegend in Tuchhändlerkreisen greifbar (Petrus Waldes, Humiliaten, Katholische Armen, Franz von Assisi). Hier spürte man, zu welchem Elend und zu welcher Verhöhnung des Menschen die „kapitalistische Mentalität" führen konnte. Besonders sensible Menschen suchten einen Ausweg, indem sie ihren Reichtum an die Armen verteilten und sich mit den Armen solidarisierten. Selbstverständlich ist damit nicht alles gesagt, vor allem nicht die Tatsache, daß diese Leute einen ungeheuren inneren Vorsprung hatten, eine Sinnerfülltheit, die die verelendeten Massen nicht spürten. Aber gerade durch diese Distanz kam auch so etwas wie eine neue, eben geistliche Dimension in die sozialen Verhältnisse hinein: Hoffnung, Zuversicht, Kraft, Mut... Ich habe in unseren Tagen selbst gesehen, was es Menschen in Elendsquartieren bedeutet, wenn sie sehen: wir sind es wert, daß andere alles aufgeben, um mit uns zu leben.

Natürlich gibt es in den Armutsbewegungen auch nochmals verschiedene Akzentsetzungen. So wollte Franziskus nichts anderes als bei den Armen sein: arbeiten wie sie, entlöhnt oder um den Lohn betrogen werden wie sie, gebraucht und ausgebeutet werden wie sie, gerufen und entlassen werden wie sie, keine Privilegien genießen, keine

Macht haben, alles wie die Armen. Das machte für ihn Sinn. Bei Dominikus war es anderes. Er wollte Prediger sein, und weil er erkannte, daß seine Predigt nicht ankam, solange er als reicher Weltpriester auftrat, gründete er einen Predigerorden, der sich durch Armut glaubwürdig erweisen sollte.

Von vielen, die heute eine solche Lebensform gewählt haben, könnte ich Dir berichten. Mir kommt jetzt Dorothy Day in den Sinn, eine Frau in Amerika, die ihr ganzes Leben lang keinen privaten Raum mehr hatte, die unermüdlich Solidarität übte. Ich erinnere mich an drei Franziskaner, die in Paris bei den Clochards leben, unter den gleichen Bedingungen wie sie: sie schlafen unter Brükken und in Metrostationen, betteln um Geld, wenn eine Fahrt mit der Metro fällig ist, bitten in den Restaurants um das Essen, das die Leute in die Küche zurückgehen ließen. Ich denke an einen Mitbruder in Deutschland, der in einer Obdachlosensiedlung lebt und von „seinen" Armen erzählt, von jedem einzelnen neu und anders. Du wirst selber die Beispiele finden, die Dir wichtig sind. Es gibt zum Glück gar nicht so wenige.

6. *Kultur der Barmherzigkeit*

Du wirst mir entgegenhalten, daß nicht alle zu einer radikalen Lebensform berufen sind. Nicht alle können ihr Leben mit den Armen teilen. Du hast recht. Nur darf man sich nicht allzu leicht von diesem Ruf zur Radikalität dispensieren. Gelebte Solidarität bricht die Hoffnungslosigkeit auf. Sie führt zu Erkenntnissen und Einsichten, zu denen man sonst nie gelangt.

Was sicher für alle gilt, ist dies: jeder Christ muß seinen Lebensstil im Blick auf die Armen verändern lassen; jeder muß die konkrete Begegnung mit Armen suchen, weil nur das Gespräch, die Umarmung, die Begegnung verändernd wirkt. Franziskus hat es erlebt, wie er uns in seinem Testament berichtet. Diese Veränderung muß nicht immer so weit gehen wie bei ihm, aber sie muß eintreten. Ich kann es für mich selbst feststellen: Die eigentlichen, lebensprägenden Erkenntnisse sind für mich die Begegnungen mit Armen in den Elendsquartieren von Rio, die monatelangen Erfahrungen in Tanzania. Von da an habe ich anders denken, fühlen, beten und leben gelernt. Wesentlich ist für mich auch eine Begegnung, die ich vor Jahren in Südfrankreich hatte. Ich sollte für unsere franziskanische Zeitschrift TAU ein Interview mit Hubert Barral machen, einem Weltpriester, der unter Ausgeflippten und Gestrandeten lebt, unter Menschen, die den Sinn für unsere jahrhundertealten Werte (Hygiene, Privateigentum, Arbeit, Geld...) verloren haben. Ich mußte schon meinen Widerstand überwinden, um mit diesen Menschen in einem Schweinestall Couscous zu essen und nachher dann eine Eucharistiefeier mitzuvollziehen. Dieser Widerstand blieb, selbst als ich wie alle anderen beginnen sollte, den Friedensgruß zu geben, und zwar nicht einfach so, sondern mit einer herzlichen Umarmung und mit einem Kuß auf die Wangen. Seither kann ich die Worte des heiligen Franz verstehen: „Mir wurde in Süßigkeit der Seele und des Leibes verwandelt, was mir vorher bitter und ekelhaft erschien". Was ich hier sagen will, ist dies: Du mußt Deine Berührungsängste überwinden, Dich in konkrete Armutssituationen hineinbegeben, wenn Du ein Leben von den Armen her und auf die Armen hin leben willst.

Für die Armutssituationen gibt es eine Systematisierung in den sogenannten *Werken der Barmherzigkeit.* Du kennst sicher das Meditationskreuz des heiligen Bruder Klaus. Da findest Du die verschiedenen Christusgeheimnisse immer einer Armutsituation gegenübergestellt. Erst da kommt das Christusgeheimnis zum Tragen. Erst in diesen Situationen bist Du ganz und gar Christ. Erst von ihnen her kann Dein Leben Profil gewinnen. Christus hat bei seiner Empfängnis die Lebensform der „infirmitas" (= Krankheit, Schwäche) angenommen. Darum steht auch der Christ in einer wesentlichen und bleibenden Ausrichtung auf die Schwachen und Kranken. Das muß sich immer wieder in konkreten Begegnungen zeigen. Und von ihnen her gilt es zu begreifen, was wir glauben.

Christus hat bei seiner Geburt die Lebensform der Obdachlosen angenommen. Darum steht auch der Christ in einer inneren Ausrichtung zu den Fremden, Heimatlosen, Pennern, Clochards. Das muß sich immer wieder in konkreten Einladungen und in der Gastfreundschaft äußern. Nur so wirst Du begreifen, was Du an Weihnachten feierst.

Christus hat am Beginn seiner öffentlichen Wirksamkeit die Lebensform der Hungernden angenommen. Darum steht auch der Christ in einer bleibenden Ausrichtung zu denen, die nichts zum Leben haben. Das wird sich immer auch zeigen müssen im solidarischen Fasten, im Bereitstellen von Brot, Wein und Wasser, im großzügigen Geben. Nur so wirst Du begreifen, wer Christus ist.

Christus hat bei seiner Gefangennahme die Lebensform der Gefangenen angenommen. Darum muß auch der Christ eine bleibende Ausrichtung auf die Gefangenen haben. Das muß sich in Besuchen, Briefkontakten, im Einsatz für eine gute Reintegration in die Gesellschaft äußern. Nur die konkrete Berührung mit Gefangenen, ja selbst mit Verbrechern, mit denen Jesus zum Verwechseln ähnlich ist, wird erkennen lassen, wer Christus für uns ist.

Christus hat am Kreuz die Lebensform aller Nackten, Bloßgestellten und Ausgesetzten, aller, die nur noch das nackte Leben haben, angenommen. Darum muß der Christ eine bleibende Ausrichtung auf diese Menschen leben. Das muß sich zeigen im Einsatz für die Würde des Menschen, in der Berührung mit solchen, denen man diese Würde genommen hat. Nur so wirst Du wissen, was das Kreuz ist und was es für die Welt bedeutet.

Christus hat im Tod die Lebensform, oder eher: Todesform der Toten angenommen. Darum gibt es eine bleibende Ausrichtung des Christen auf die Toten. Sie muß sich zeigen in der Würde, mit der Du den Toten begegnest, in der Treue, die Du ihnen über den Tod hinaus bewahrst, im Begräbnis, das Du ihnen bereitest.

Für alle Armen sollst Du ein Herz haben, für jeden einzelnen, der Dir begegnet. Wir müssen, um einen Ausdruck unseres Papstes Johannes Paul II. zu gebrauchen, eine Kultur der Barmherzigkeit leben. Worauf es mir hier ankommt, ist das Konkrete, die Berührung, der Kontakt. Ohne das kann ich nicht Christ sein. Das Leben wird sich radikal

141

ändern von dieser Berührung her, entweder indem Du ein Leben *unter* den Armen wählst oder indem Du immer wieder *für* die Armen da bist.

7. Die Armen ernst nehmen

In den Orden spricht man weiterhin frisch fröhlich von „Armut", wenn vom eigenen Leben die Rede ist. So lange unsere freigewählte Armut nicht zu den Armen führt und nicht von ihnen her verändert wird, nehmen wir aber die Armen nicht ernst genug. Wie oft habe ich schon erfahren, wie Gemeinschaften und Ordensleute ohne jede Berührung mit konkreter Not leben, selbstgenügsam, ohne Ausrichtung, ohne konkrete Erfahrung mit Armen. Erst von diesem Augenblick an, wo das Ordensleben aufgebrochen wird durch die konkrete Not und durch konkrete Begegnungen, wird der Sinn der freigewählten Armut erkennbar. Freiwillige Armut gibt es gerade deshalb, weil es Arme gibt, die Anteil bekommen sollen am Leben.

Noch etwas: Ernst nehmen der Armen bedeutet, nicht nur oberflächlich von ihrer Existenz wissen, sondern auch von den konkreten Bedingungen, unter denen sie leben müssen. Wir wissen im Grunde sehr wenig. Erst, wenn jemand sich aufmacht, um „ganz unten" zu leben, fällt Licht auf die Armen – und auf die Kirche, ihre Vertreter, auf unsere Gesellschaft, ihre Firmen, Institutionen... Ich kann Dir nur empfehlen, Dich zu öffnen für die konkrete Not.

Liebe Schwester, lieber Bruder, Du und ich, die Kirche ganz allgemein, wir gehören auf die Seite der Armen. Daß wir dort stehen, ist mein Wunsch.

Brief 10

Geschöpflichkeit und Gehorsam

Liebe Schwester, lieber Bruder,

die Beziehungen zwischen der Kirche und den Armen sollte ich Dir noch viel deutlicher vor Augen führen. Laß mich hier einfach sagen: Ich bin überzeugt, daß die Kirche nur als Kirche der Armen Kirche ist. Denn das ist die eigentliche Intention der Bibel. Darum ist Jesus gekommen, dafür hat er eine neue Gemeinschaft eingesetzt: eine arme Gemeinschaft für die Armen. Aber auch umgekehrt gilt: Die Armen können letztlich nur Hoffnung haben, wenn sie sich an die große Hoffnung binden, die in der Kirche lebendig ist: daß Gott auf ihrer Seite steht und sie seligpreist gegen alle innerweltlichen Instanzen. Alles, was nicht Gott ist und was nicht aus ihm stammt, sucht letztlich nur sich, die eigenen Interessen. Und das sind nicht unbedingt die Interessen der Armen. Gott aber zeigt – das Kreuz ist der Beweis –, daß es ihm um radikale Liebe geht, um selbstlose Hingabe, um das Leben der Welt, für das er sich schlagen, verspotten, foltern und ermorden läßt.

Du sollst aber nicht den Eindruck haben, daß Du überfordert bist und daß es immer nur um das große Ganze, um das Reich Gottes geht, nicht aber um Dich selbst. Allerdings: es soll Dir um das

Reich Gottes und um die Gerechtigkeit gehen, und alles andere wird Dir von selbst zuwachsen (vgl. Mt 6,33). Du mußt vor allem lernen, in die Welt Gottes hineinzuwachsen, die uns durch Jesus von Nazaret aufgetan worden ist – und Du wirst sehen, wie glücklich Du dabei bist.

1. Gehorsam

Trotzdem ist Dein Wunsch, auf Dich selbst zu schauen, auch berechtigt. Es hat keinen Sinn, immer nur vor einem großen Horizont zu stehen, aber nichts in sich zu spüren.

Was beides miteinander verbindet, ist *Gehorsam*. Vielleicht hörst Du dieses Wort nicht gerne. Ich könnte es verstehen, denn es gehört zu den mißbrauchten, falsch verstandenen Worten. Aber nimm es auseinander: Ge-hor-sam. Spürst Du, daß es etwas mit „hören" zu tun hat? Mit offenen Ohren, mit Hellhörigkeit, mit ganzheitlicher Offenheit? So verstanden, ist Gehorsam unersetzlich, ja geradezu ein anderes Wort für Freiheit.

Ich muß das wohl näher erklären. Ich bin überzeugt, daß Gott aus seinem inneren Wesen heraus frei ist. Es gibt in ihm nichts, was ihn hindern könnte, was ihn sozusagen blockiert, dies oder jenes zu tun, zu sagen, zu sein. Ebenso kann ihm niemand von außen Grenzen setzen oder Mauern errichten. Gott ist frei in und jenseits von allem. Wenn der Mensch ein Ebenbild Gottes ist, dann muß auch der Mensch frei sein. Die Leidenschaft für die Freiheit des Menschen findet in dieser Ebenbildlichkeit Gottes eine theologische Begründung. Nun mußt Du aber bedenken, daß wir Menschen viele sind, Gott ist dagegen ein einziger. *Er ist absolut frei, wir nur relativ frei, d. h. in gegenseitiger Beziehung untereinander und in Beziehung auf Gott.* Diese Bezogenheit der Freiheit nenne ich Gehorsam. Wir können unsere Freiheit nur verwirklichen, indem wir aufeinander hören.

Du kannst aus Deinem Leben viele Beweise zusammentragen: Wenn Du über die Straße gehst, mußt Du aufpassen, daß Du dabei nicht einen Autofahrer behinderst. Wenn Du ein Auto fährst, wirst Du rücksichtsvoll sein müssen. Keiner ist autonom, niemand darf sich zum Maß setzen.

Gehorsam, Offenheit, Disponibilität … Du kannst es nennen, wie Du willst, aber diese Grundhaltung macht uns zu Menschen.

2. Meine Begrenzung

Gehorsam richtet sich natürlich auf das große Projekt, das Gott mit unserer Geschichte hier auf Erden verwirklichen will: auf das Reich Gottes. Doch bezeichnet das Wort auch die Haltung, die Du Dir selbst gegenüber einnehmen sollst. Du mußt auch Dir selbst gehorsam sein.

Wenn Du in Dich hineinhorchst, dann wirst Du bald entdecken, wie begrenzt Du bist. Überprüfe einmal, was Du alles kannst und was nicht. Trage Deine *Fähigkeiten* zusammen und schau auf die Bereiche, die Du nicht ausgebildet hast, in denen Du nichts kannst, für die Du auch nicht veranlagt bist. Ich glaube, es gehört zu den grundlegenden Einsichten, daß wir Menschen sein sollen auf der

Grundlage dessen, was in uns angelegt ist. Das sollst Du entfalten, anderes nicht unbedingt tun wollen. Dieses kannst Du selbst tun, für etwas anderes mußt Du andere bitten. In der einen Sache kannst Du mitreden, in der anderen mußt Du Dich zurückhalten. Je mehr Du in Deinen Grenzen lebst, umso mehr bist Du das, was Du sein sollst. Du mußt darum lernen, Deine Grenzen zu sehen, sie anzunehmen. Und innerhalb dieser Grenzen sollst Du alles entfalten, wozu Du angelegt bist. So bist Du der Mann oder die Frau, der/die Gott erdacht hat.

Diese Begrenztheit zeigt sich aber auch darin, daß Du immer wieder die Erfahrung machst: ich möchte eigentlich viel mehr tun, aber die *Zeit fehlt* mir, oder die Gesundheit läßt es nicht zu. Du spürst vielleicht, wie Dein Inneres nur so sprudelt vor Ideen, wie Du eine lebendige Quelle bist, aber Du mußt halt hier und jetzt leben. Du kannst den Roman nicht schreiben, der schon lange in Dir schlummert, weil Du immer andere Dinge tun mußt, die näher liegen oder von Dir erwartet werden. Oder Du möchtest vermehrt das Instrument zur Hand nehmen, das Du einmal gelernt hast, und Deine Gefühle in Musik umsetzen. Aber die Kinder fordern Dich ganz und gar, und die Tage verstreichen, ohne daß Du Deinen Vorsatz in die Tat umsetzen kannst.

Schließlich wirst Du immer auch spüren, daß es Dir nicht gelingen will, Deine *Intentionen* ganz in die Tat umzusetzen. Was herauskommt, ist immer weniger als das, was Du Dir vorstellst. Du hast ein wunderbares Bild in Dir und möchtest es malen. Du kannst hundert Skizzen machen: das Bild wird zwar immer schöner oder nähert sich immer mehr der Vorstellung an, die Du in Dir trägst, aber es bleibt immer noch um Milchstraßen von ihr entfernt. Oder Du willst die Kinder, die Dir anvertraut sind, gut erziehen. Aber immer wieder stellst Du fest: alles ist Stückwerk, vieles mißlingt – eigentlich bleibe ich immer noch etwas schuldig. So wirst Du immer wieder die Erfahrung Deiner Grenzen machen müssen.

3. Hinfälligkeit, Krankheit, Tod

Der Gehorsam Dir gegenüber ist also fundamental. Er betrifft Dein Wesen, die Art und Weise, wie Du Dich erlebst und spürst. Hinzu kommt noch die Grenze, die unserem irdischen Leben gesetzt ist und mit der wir leben müssen.

Du mußt lernen, vom Ende her zu leben – *angesichts des Todes*. Du wirst entdecken, wie Dein Leben eine ganz andere Qualität bekommt.

Es besteht kein Zweifel, daß der Tod zu unserem Dasein gehört und daß er sich ankündet durch vielerlei Zeichen: Krankheit, Vergeßlichkeit, Schwächen. Ich habe das Leben nicht in meiner Hand. Ich kann heute einen Unfall haben, morgen vom Arzt bestätigt bekommen, daß ich Krebs habe und nicht mehr lange zu leben habe. Ich kann mein Augenlicht verlieren oder die Beine und für ein Leben lang behindert sein. Es gibt Dinge, die ich nur annehmen kann, auf die ich keinen Einfluß habe. Indem ich sie aber annehme, werden sie zu einer Kraft und zur Dynamik meines Lebens.

Ich möchte Dir hier einige Stellen aus einem

Buch von R. Garaudy zitieren, das mich vor Jahren wesentlich geprägt hat, gerade auch unter diesem Aspekt:

„Mein eigener Tod ist ein ständiger Hinweis dafür, daß mein Unterfangen kein individuelles Unterfangen ist. Ich bin Mensch nur, wenn ich an einem Projekt teilhabe, das über mich hinausgeht. Nur der Tod ermöglicht es mir, eine Wahl zu treffen, dieses oder jenes Unterfangen meinem Leben überzuordnen – eine Wahl zu treffen, die mein Leben transzendiert. Wenn ich niemals sterben würde, wäre ich der Transzendenz beraubt, dieser spezifisch menschlichen Dimension. Es gäbe nichts, was ich meinem individuellen Leben vorziehen könnte. Es gäbe auch keine Liebe mehr, eine Liebe, die mich befähigen würde, den Mitmenschen meinem eigenen Leben vorzuziehen. Das höchste Geschenk, das Geschenk meines Lebens, ich könnte es nicht darbringen" (39).

Wahrscheinlich denkst Du bei solchen Sätzen auch an Jesus von Nazaret, dessen Liebe eine „Liebe bis zuletzt" war, mit allen Konsequenzen, den Tod inbegriffen (vgl. Joh 13, 1–20). Du kannst eine biologische Notwendigkeit zur personalen Tat wandeln. Du kannst den Tod gehorsam annehmen, kannst Dein Leben hingeben – für etwas, was Dich übersteigt: für Gott und sein Reich, für den Menschen und sein Wohl, für die Welt und für das Leben. Du siehst, wie im Tod sich ein ganzer Lebenssinn konzentrieren kann, wie sich hier etwas zeigt, was minütlich, stündlich Dein Leben prägen kann. Ich bin mit meinem Leben in einen großen Zusammenhang gestellt, der mir gerade von meinem Sterben her neu aufgehen kann.

Du kannst also den Lebensinn nicht finden, solange Du am Tod vorbeigehst. Der Tod weist Dich in die Grenzen: Du darfst Dich nicht als Mittel-

148

punkt der Welt betrachten. Der Tod definiert Dein Leben als Hingabe und als Liebe. Warum es also nicht geben, freiwillig für etwas, nicht erst am Ende, sondern ein ganzes Leben lang? Darin ist das Opfer begründet, das Du vollbringen kannst, wenn Du mit sehr viel Einsatz und viel Mühe und Enttäuschung für einen Menschen und eine gute Sache lebst. Aber auch wenn Du schon die kleinen Ankündigungen des Todes, die Krankheit und die Schmerzen als Möglichkeit der Hingabe und der Liebe entdeckst.

4. Ars moriendi

Ich möchte Dich also einladen, Dich auf die Notwendigkeit des Sterbens und auf die Unausweichlichkeit des Todes einzustellen. Du sollst wirklich rechtzeitig entdecken, daß das Leben vom Tod her seine ganze Kraft und seinen radikalen Sinn enthüllt. Früher gab es die sogenannte *ars moriendi,* eine feinentwickelte Kunst zu sterben, eine Art Methode, sich das eigene Sterben vorzustellen, um daraus die eigentliche Lebensqualität zu empfangen. Ich kann mich noch gut erinnern, daß wir im Noviziat angewiesen wurden, beim Einschlafen uns vorzustellen, daß wir nicht mehr erwachen, daß das Einschlafen endgültig ist. Wir sollten die Kapuze über den Kopf stülpen, die Hände über dem Leib falten, das Kreuz umfassen – so als ob wir bereits im Sarg lägen. Wir fanden das damals makaber und lachten. Heute denke ich, daß das im Grunde gar nicht so abwegig ist.

Heute sind die Bedingungen für eine moderne

Sterbekunst weiter entwickelt. Viele Sterbens-
kranke haben den Verlauf ihrer Krankheit beschrieben, zum Teil in Revolte, zum Teil aber im
Gehorsam und mit neuer Liebe zum Leben. Das
Ehepaar Tausch, das mit dem bevorstehenden Tod
des einen Partners konfrontiert war, hat zusammen
mit anderen eine *Sterbemeditation* entwickelt. Es
handelt sich zwar um eine Übung, die sich unter
Anleitung und in Gruppen vollzieht (anschließen-
des Gespräch ist wichtig!). Ich möchte den Text
trotzdem hier hinsetzen. Er kann Dir behilflich
sein, Deinen eigenen Tod besser anzunehmen.
Vielleicht kannst Du auch anderen damit helfen
(die Gedankenstriche im Text bezeichnen eine
Pause von ca. einer Minute):

„Das folgende ist eine geleitete Meditation. Durch sie
kannst du lernen, mit deinem Sterben und Tod in deiner
Vorstellung bekannter zu werden. Sie kann dir helfen,
die Angst davor zu vermindern, und sie kann dir vor allem helfen, eine geänderte günstigere Einstellung zu deinem jetzigen Leben zu bekommen.
Bitte setze dich möglichst entspannt in einen Stuhl oder
lege dich entspannt auf den Boden. (Dann folgen etwa
fünfzehn Minuten Anleitungen für die körperlich seeli-
sche Entspannung. Sie sind für die Meditation sehr
wichtig).

Wenn du jetzt entspannt bist, so werde dir bewußt, die
Zeit deines Sterbens ist gekommen.
Stell es dir so vor, wie es dir jetzt in den Sinn kommt.
Stell dir vor: du sprichst mit dem Arzt, und er informiert
dich, daß er keine Heilungsmöglichkeiten mehr sieht
und daß er den schnellen Fortgang der schweren Er-
krankung nicht aufhalten kann. – –

Stell dir deine Gefühle vor und deine Gedanken, die du
bei dieser Information hast. – –
Was willst du machen?

Mit wem willst du sprechen?
Was willst du sagen?
Nimm dir jetzt Zeit, dir das in allen Einzelheiten vorzustellen. – – – –

Stell dir jetzt vor, wie du die letzten Lebenswochen verbringen willst.
Was möchtest du tun?
Was ist dir wichtig? – – –

Und jetzt sieh dich selbst, wie du dem Tod näher kommst. Du siehst, wie die Verschlechterung deines Körpers zunimmt.
Du siehst die Einzelheiten deines Sterbens. Du fühlst, daß dein Körper sich seinem Ende nähert. Du bist dir dessen bewußt, daß du sterben wirst. Erlaube dir, diese Gefühle zu erfahren, und setz dich mit ihnen auseinander. – – –

Sieh jetzt die Menschen um dich herum, an deinem Sterbebett.
Stell dir vor, wie sie reagieren, was sie dir sagen werden.
Was sagen sie? Und was fühlen sie? – – – –

Und jetzt stell dir vor, daß dein Körper die Kraft verliert.
Sieh dich selbst im Moment deines Sterbens. – –

Und jetzt siehst du dich selbst gestorben.
Mit deiner Seele geschieht jetzt das, was du dir vorstellst, wie es deinen religiösen Einstellungen entspricht. Vielleicht also geht deine Seele in das Universum – in die Ewigkeit – zu Gott oder was immer du denkst. – – –

Und jetzt, während deine Seele im Universum oder bei Gott ist, blickst du auf die Einzelheiten deines Lebens zurück. Nimm dir für diesen Rückblick auf dein Leben Zeit.
Was war dein Leben?
Was hast du getan?
Was hat dir Spaß gemacht?
Was hat dir Freude gebracht? – – –

Welche seelischen Schmerzen, Kümmernisse und Sorgen hast du in deinem Leben gehabt. Und welche hast du noch? – – –

Was würdest du heute gerne anders machen in deinem Leben? – – –

Und überblicke noch einmal für drei Minuten dein bisheriges Leben. – – –

Das war die Vorstellung von deinem Sterben und deinem Tod. Und das war ein Rückblick auf dein Leben. Jetzt komme bitte langsam wieder hierher zurück. Halte noch die Augen geschlossen. Sei dir bewußt, daß du wieder neu in dieses Leben eintrittst. Und daß du die Chance hast, weiter und neu zu leben. –

Du fühlst den Frieden, den die Gegenwart für dich hat. Fühle, wie entspannt du bist. Und fühle dich jetzt deutlich hier in diesem Raum. –

Nun mache bitte langsam die Augen auf und fühle dich auf dieser Erde wieder zu Hause" (246–248).

5. Mühe des Alltags

Aus dieser Auffassung von Leben und Tod, bzw. von Gehorsam und Freiheit kannst Du vielleicht auch einen neuen Zugang zu dem finden, was Dir gewiß jeden Tag begegnet: die Banalität dessen, was Du tust; die Bedeutungslosigkeit, die allem innewohnt; die stets wiederkehrende Routine, die Lustlosigkeit, mit der Du an die Arbeit gehst; die tausend Ecken, an die Du jeden Tag stößt; die Hindernisse, die man Dir in den Weg legt; die tausend kleinen Dinge, die Du einfach tun mußt und die Dich jeden Tag bis zum Letzten fordern.

Das alles kann von Deiner inneren Einstellung her eine andere Bedeutung bekommen. Statt immer dagegen zu kämpfen und immer wieder als Besiegter aus dem täglichen Kampf hervorzugehen, kannst Du ja-sagen lernen, gehorsam annehmen, was Dir begegnet, Liebe und Hingabe in alles hineintragen. Du wirst sehen, daß es die Mühe ist, die Dich zum Menschen macht; daß es der Widerstand ist, der Dir mit der Zeit das unersetzliche Gesicht gibt.

Bitte, versteh mich nicht falsch: ich gehöre nicht zu denen, die im Namen des Kreuzes und des Gehorsams beschwichtigen wollen. Das wäre Wasser auf die Mühlen derer, die Dich klein haben wollen. Gewiß sollen wir aufbegehren gegenüber allem, was den Menschen knechtet – im Namen des Kreuzes! Wir sollen alles verändern, was wir verändern können – im Namen des Gehorsams gegenüber dem, der das Wohl der Menschen will. Du bist nicht zum Sisyphus bestimmt, mußt nicht immer wieder anfangen, einen Felsbrocken den Berg hinaufzustemmen, weil er immer wieder ins Tal zurückrollt, sobald Du Deine Arbeit vollendet zu haben glaubst. Nein, Deine Arbeit soll Sinn haben – für Dich selbst und auch für die Welt. Aber es bleiben noch genug Schweiß und Dornen, noch viel an Schmerz und Mühen, noch ein ganzes Meer von Leiden und Not. Hinter dieser Mühe steckt der Sinn Deines Lebens. Du sollst Deinen Körper unter die Mühe stemmen, darunter bleiben in Geduld (das griechische Wort dafür heißt „hypomonè = darunterbleiben) und Hingabe. Deine innere Kraft, Deine Liebe, Dein Ja wird nicht nur Dich menschlicher machen, sondern auch die Welt, die Du mitgestaltest.

6. Sachlichkeit und Nüchternheit

Du siehst: eine Spiritualität, die den Alltag mitein-
bezieht, ist eine *nüchterne Sache.*

Ich erinnere mich, daß mir einmal widersprochen wurde, als ich bei Exerzitien zum liturgischen
Tanz und zum ekstatischen Singen einlud. Ich tue
das heute immer noch in den Gruppen, die mit mir
Eucharistie feiern. Und ich bin überzeugt, daß die
Feier der Auferstehung auferstandene, gelöste und
frohe Menschen fordert. Doch, wie gesagt, eine
Frau, die aus strenger Tradition stammt, wider-
sprach. Sie meinte, daß der Enthusiasmus un-
christlich sei. Wir müßten nüchtern und sachlich
unseren Alltag leben, treu im Glauben, gehorsam
unter dem Kreuz, das uns auferlegt ist.

Nun, wir haben uns dann schon einigen können.
Tatsächlich verrät der Enthusiasmus oft nicht nur
Weltfremdheit, sondern entstammt ursprünglich
der heidnischen Vorstellung, daß die Gottheit vom
Menschen ganz und gar Besitz ergreift. Das zeigt
sich dann in einer ständigen Begeisterung und im
Tanz. Ich meine, daß Begeisterung und Tanz aber
eine Beziehung zu Ostern und Pfingsten herstellen
können. Auf der anderen Seite: Wer nur unmittel-
bare Gotteserfahrung sucht, wer sein Menschsein
an den Enthusiasmus bindet und die Mühe und
Plage des Alltags flieht, der muß den Gehorsam
lernen (vgl. Hebr 5, 8), den Alltag annehmen, unter
dem Kreuz Mensch werden.

Ein anderer Aspekt ist der *Sachgehorsam,* die
Sachlichkeit. Das ist eine Dimension des Gehorsams, welche in den Orden, die sich zum Gehorsam als Lebensform bekennen, oft vergessen wird.

Wer mit einem Stein, mit dem Wasser, mit den Dingen dieser Welt materialgerecht umgeht, wer in einer Diskussion sachlich bleibt und der Sache angemessen reagiert, der ist gehorsam. Wenn Du eine Situation genau betrachtest und entsprechend handelst, wenn Du einen Satz richtig verstehst, einen Vorgang richtig deutest, bist Du gehorsam. Diesen Aspekt hat meines Wissens zum ersten Mal Edith Stein herausgestellt. Einige Formulierungen, so ihre Auffassung von der Frau, wirst Du als zeitbedingt verstehen.

„Ein gutes, natürliches Heilmittel gegen alle typisch weiblichen Gebrechen ist gründliche sachliche Arbeit. Sie verlangt von selbst Zurückdrängung der übermäßigen Einstellung auf Persönliches, beseitigt die Oberflächlichkeit nicht nur auf dem eigenen Arbeitsgebiet, sondern ruft eine allgemeine Abneigung dagegen hervor, bedingt Unterordnung unter bestimmte Gesetze und ist dadurch eine Schulung des Gehorsams. Sie darf nur nicht zur Preisgabe der guten und reinen persönlichen Einstellung führen und zu einseitigem Spezialistentum, zur Versklavung durch ein Sachgebiet, die zur typischen Entartung der menschlichen Natur gehört. Wie weit dieses natürliche Heilmittel reicht, zeigt die Reife und Harmonie vieler Frauen, die eine hohe Geistesbildung ihr eigen nennen oder durch die Not des Lebens in den *Sachgehorsam* einer angestrengten Berufstätigkeit hineingestellt wurden. Wir haben hier die Parallele zu dem Bild des vollkommenen gentleman, das Newman einmal in der ‚Idea of a University' gezeichnet hat: eine Persönlichkeitskultur, die echter Heiligkeit zum Verwechseln ähnlich sieht. Aber hier wie dort handelt es sich nur um *Ähnlichkeit*. Die nur bildungsmäßig gebändigte Natur wahrt das kultivierte Äußere bis zu einer gewissen Belastungsprobe, dann durchbricht sie die Schranken. Nicht von außen umgestaltet, sondern wahrhaft entwurzelt und von innen heraus neu geformt wird die gefallene Natur nur durch die Kraft der Gnade…" (Frau, 6).

„Das ist die *heilige Sachlichkeit:* die ursprüngliche Empfänglichkeit der aus dem heiligen Geist wiedergeborenen Seele; was an sie herantritt, das nimmt sie in der angemessenen Weise und in der entsprechenden Tiefe auf; und es findet in ihr eine durch keine verkehrten Hemmungen und Erschwerungen behinderte, lebendige, bewegliche und formungsbereite Kraft, die sich durch das Aufgenommene leicht und freudig prägen und leiten läßt ... Eine gewisse Verwandtschaft mit der *heiligen Sachlichkeit* hat die Sachlichkeit des Kindes, das noch mit ungeschwächter Kraft und Lebendigkeit und mit hemmungsfreier Unbefangenheit Eindrücke empfängt und beantwortet ... So haben wir bei ihm (d. h. bei Johannes vom Kreuz) auch noch mit der eigentümlichen Sachlichkeit des Künstlers zu rechnen. In der ungebrochenen Kraft der Eindrucksfähigkeit ist der Künstler dem Kinde und dem Heiligen verwandt. Aber – im Gegensatz zur *heiligen Sachlichkeit* – ist es eine Eindrucksfähigkeit, die die Welt im Licht eines bestimmten Wertbereichs – und leicht auf Kosten anderer – sieht" (Kreuzeswissenschaft, 4 f).

7. Der Ball des Gehorsams

Du wirst noch viele andere Bereiche finden, in denen dieser Sachgehorsam zur Geltung kommen kann. Der Gehorsam wird auf diese Weise zu einem Grundwort christlicher Existenz, allerdings, so hoffe ich, gereinigt von dem jahrhundertealten Mißbrauch, den das Wort durch die Institutionen erlitten hat. Ja, es gibt ein Leiden der Worte, wenn sie mißbraucht werden, um Menschen in ihrem persönlichen Lebenselan zu brechen. Es ist interessant: In der Bibel wirst Du vergeblich nach dem institutionellen Gebrauch des Wortes Gehorsam suchen. Es bezieht sich da entweder auf Gott oder auf Menschen, die sich gegenseitig brüderlich-schwesterlich gehorchen sollen, nicht aber auf Ämter (weder der Kirche noch der Orden), die Gehorsam fordern könnten. Der Gehorsam ist nicht die mittelmäßige bürgerliche Tugend, die einen total verfügbar und passiv macht. Gehorsam ist wesentlich tiefer, grundsätzlicher. Vielleicht sollten wir vermehrt dieser Gehorsamsstruktur unserer menschlichen und christlichen Existenz nachgehen.

„Gott ist Liebe, und die Natur ist Notwendigkeit, aber durch den Gehorsam ist diese Notwendigkeit ein Spiegel der Liebe" (S. Weil, 44). Hier finden wir wieder die enge Verbindung von Gehorsam und Liebe, die zu einem Grundzug franziskanischer Spiritualität gehört.

Kennst Du den wunderbaren „Ball des Gehorsams", den M. Delbrêl, diese faszinierende Sozialarbeiterin aus Frankreich, getanzt hat? Er ist eine Meditation wert!

„Heute ist der 14. Juli. (Französischer
  Nationalfeiertag: A. R.)
Allerorten, seit Monaten, Jahren, tanzt die Welt.
Je mehr man drin stirbt, um so mehr tanzt man.
Wogen des Krieges, wogender Ballsaal.
Das Ganze macht wirklich viel Lärm.
Die ernsthaften Leute haben sich schlafen gelegt.
Die Mönche singen die Matutin vom heiligen König
  Heinrich.
Ich aber denke
An den anderen König.
Den König David, der vor der Arche tanzte.
Denn wenn es viele heiligmäßigen Leute gibt, die
  nicht gern tanzen,
Gibt es doch viele Heilige, die ein Bedürfnis nach
  Tanz besaßen,

So froh waren sie zu leben:
Teresa mit ihren Kastagnetten,
Juan vom Kreuz mit dem Jesuskind auf seinem Arm,
Und Francesco angesichts des Papstes.
Wären wir mit dir zufrieden, Herr,
Wir könnten dieser Tanzlust nicht widerstehen,
Die sich durch die Welt hin ergießt.
Und wir könnten sogar erraten,
Welchen Tanz du von uns aufgeführt haben möchtest,
Einstimmend in den Rhythmus deiner Vorsehung.

Denn ich vermute, du hast von den Leuten genug,
Die ständig davon reden, dir zu Diensten zu sein mit
    der Miene von Feldwebeln,
Dich zu kennen mit der Pose von Professoren,
Nach Sportregeln zu dir gelangen,
Und dich lieben, wie man einander liebt in einem
    alten Haushalt.
Eines Tages, da du ein wenig Lust nach etwas
    anderem hattest,
Erfandest du den heiligen Franz
Und machtest deinen Gaukler aus ihm.
An uns ist's, uns von dir erfinden zu lassen,
Um fröhliche Leute zu sein, die ihr Leben mit dir
    tanzen.

Will einer ein guter Tänzer sein, mit dir oder sonstwie,
    darf er nicht wissen,
Wohin es führt.
Nur folgen muß man,
Aufgelegt sein
Und schwerelos,
Und vor allem sich nicht versteifen.
Man soll dir keine Erklärungen abverlangen
Über die Schritte, die du zu tun beliebst,
Sondern sein wie eine Verlängerung
Deiner, behende und wendig,
Und durch dich hindurch den Takt des Orchesters
    aufnehmen.
Man darf nicht um jeden Preis vorankommen wollen,
Sondern soll zufrieden sein, sich zu drehen, seitwärts
    zu steppen,

158

Anzuhalten, wenn nötig, und zu gleiten, anstatt zu
  schreiten.
Und all das wären nur idiotische Schritte,
Machte nicht die Musik daraus eine Harmonie.

Wir hingegen vergessen die Musik deines Geistes,
Und machen aus unserem Leben eine Turnübung;
Wir vergessen, daß es in deinen Armen getanzt wird,
Daß dein heiliger Wille
Von unvorstellbarer Phantasie ist,
Daß es monoton und langweilig
Nur für ältliche Seelen zugeht,
Die als Mauerblümchen sitzen am Rand
Des lustigen Balls deiner Liebe.

Herr, komm und lade uns ein.
Wir sind bereit, dir diese Besorgung vorzutanzen,
Dieses Haushaltungsbuch, diese Mahlzeitbereitung,
  diese Nachtwache,
Bei der wir schläfrig sein werden.
Wir sind bereit, dir den Walzer der Arbeit zu tanzen,
Den der Hitze und dann wieder den der Kälte.
Wenn gewisse Melodien in Moll stehen, werden wir
  nicht behaupten,
Sie seien traurig;
Wenn andere uns etwas außer Atem bringen, sagen
  wir nicht,
Sie stießen uns die Lunge aus dem Leib.
Und wenn Leute uns anrempeln, werden wir's
  lachend hinnehmen,
Wohl wissend, daß beim Tanz so was immer
  geschieht.

Herr, lehre uns den genauen Platz,
Den in dem endlosen Roman,
Der sich zwischen dir und uns abspielt,
Der Ball einnimmt, dieser seltsame Ball des
  Gehorsams.

Offenbare uns das große Orchester deiner Heilspläne,
Worin das, was du zuläßt,
Befremdliche Töne von sich gibt
Inmitten der Heiterkeit deiner Verfügungen.

Lehre uns, täglich die Art
Unseres Menschseins anzuziehen
Wie ein Ballkleid, das uns alles an ihm um
   deinetwillen
Liebenswert macht wie unentbehrlichen Schmuck.

Gib, daß wir unser Dasein leben
Nicht wie ein Schachspiel, bei dem alles berechnet ist,
Nicht wie einen Match, bei dem alles schwierig ist,
Nicht wie ein Zahlenproblem, bei dem man sich den
   Kopf zerbricht,
Sondern wie ein endloses Fest, bei dem man dir
   immer wieder begegnet,
Wie einen Ball, einen Tanz
In den Armen deiner Gnade,
Während Musik der Liebe uns allseits umfaßt.

Herr, komm und lade uns ein" (67–69).

Was bleibt mir anderes, liebe Schwester, lieber Bruder, als zu sagen: Tanze den Ball des Gehorsams – er ist Dein Leben.

Brief 11

Arbeit und Muße

Liebe Schwester, lieber Bruder,

wenn ich im letzten Brief vom Kreuz gesprochen habe, dann möchte ich nochmals betonen, wie wichtig es ist, das Kreuz nicht als Ideologie zu mißbrauchen. Das Kreuz wird mißbraucht, wenn damit einzelne Menschen und ganze Völker beschwichtigt werden. Das Kreuz ist ein Zeichen der Hoffnung, nicht der Domestizierung. Ich kann S. Weil zwar verstehen, wenn sie sagt, daß sie in einem armen portugiesischen Fischerdorf beim Hören der „Gesänge von herzzerreißender Traurigkeit ... plötzlich die Gewißheit (hatte), daß das Christentum vorzüglich die Religion der Sklaven ist und daß die Sklaven nicht anders können als ihm anhängen" (105). Sie bringt so auch die geschichtliche Tatsache zum Ausdruck, daß die ersten Christen tatsächlich arme Leute waren und oft Sklaven, die keine innerweltlichen Hoffnungen mehr haben konnten als eben die Hoffnung auf den, der sich selbst zum Sklaven gemacht hat und den Verbrecher- und Sklaventod erleiden mußte (vgl. Phil 2). Doch wenn man daraus den Schluß zöge, daß die Sklaven Sklaven bleiben müßten im Namen des Kreuzes, dann müßte ich aufs heftigste widersprechen.

Wenn Du einen etwas genaueren Blick in die Bibel wirst, wirst Du entdecken, daß in Jesus Zorn, Unverständnis, Aufbegehren war, als er feststellte, daß sein Freund Lazarus tot war. Mit Leidenschaft rief er in das Grab hinein: „Lazarus, komm heraus!" (Joh 11, 43). Ich wünschte mir, daß diese Leidenschaft gegen Leiden und Tod in Dir lebte und daß Du im Kreuz den Ausdruck und die Folge dieser Leidenschaft für das Leben begreifen könntest. Nicht vergeblich heißt Passion sowohl Leidenschaft als auch Leiden. Leiden für das Leben, Leiden als Leidenschaft für das Leben – das ist es, was mich an Jesus so fasziniert und was ich Dir vermitteln möchte. Ja, das Kreuz ist primär die Folge des Engagements Jesu für den Menschen, das grausame Mordinstrument, ihn zu beseitigen.

Das Kreuz darfst Du nur für das Unausweichliche, für die freie Annahme des Unabänderlichen, für das Wagnis der Nachfolge Jesu im Engagement für das Leben und für den freien Gehorsam gegenüber dem Notwendigen in Anspruch nehmen.

Im folgenden möchte ich Dir weitere Aspekte der Mühe aufzeigen, die unseren Alltag ausmacht.

1. Arbeit

Aus eigener Erfahrung weißt Du wahrscheinlich, daß die tägliche Mühe vor allem an die Arbeit geknüpft ist. Die Verbindung von Arbeit und Mühe ist wesentlich. Darum braucht der Lateiner für beides das gleiche Wort (= „labor"). Aber auch im deutschen Wort kannst Du das wesentlich Bemühende an der Arbeit entdecken. Leitet sich doch die Herkunft des Wortes „Arbeit" ab von einem Wort, das ungefähr folgenden Sinn hat: „verwaist sein, ein zu schwerer körperlicher Arbeit verdingtes Kind sein".

Kannst Du Dir vorstellen, was alles hinter dieser Umschreibung steht? Ein Kind, das die Arbeit von Erwachsenen tun muß, dessen Kräfte konstant überfordert sind, dessen Gliedmaßen zu kurz und zu schwach sind, das zu tun, was man von ihm erwartet. Ein Kind, das in der Fremde leben muß, nicht bei den Eltern, nicht in einer warmen Stube zu Hause, sondern irgendwo in einer engen Dachkammer, vielleicht ohne Licht und Wärme. Ein Kind, für das niemand sorgt, für das keiner da ist, das ausgebeutet wird.

Und nun frage Dich selbst, ob die Arbeit, die Du leistest, etwas von dieser ursprünglichen Erfahrung widerspiegelt. Vielleicht lautet die Antwort: Nein, ich bin erfüllt; was ich tue, ist gut, füllt mich aus, ist sinnvoll. Ich werde zwar müde, aber es ist eine wohlverdiente, wohlige Müdigkeit, die mir das Recht gibt, am Abend die Arme in den Schoß zu legen und mich in einem gesunden Schlaf zu erholen. Wenn Du so sprechen kannst, dann möchte ich Dich glücklich preisen. Offengestanden: auch ich könnte diese Antwort geben. Und doch muß ich mir bewußt machen, und ich möchte es hiermit auch Dir sagen: Wer so sprechen kann, gehört einer privilegierten Schicht an. Die meisten Menschen erleben sich in der Arbeitswelt in der Fremde. Sie erleben sich nicht als volle Menschen.

2. *Arbeit in der „Fremde"*

Je länger je mehr erkenne ich, daß wir die heutigen Arbeitsbedingungen genau unter die Lupe nehmen müssen, bevor wir von der Spiritualität der Arbeit sprechen.

Zunächst ist zu beachten, daß die meisten Menschen die Arbeit nicht um ihrer selbst willen suchen. Der *Lohn,* den sie für ihr Tun bekommen, ist das Entscheidende. Nicht daß ich etwas gegen eine Verbindung von Arbeit und Lohn hätte. Irgendwie muß man ja leben, und daß einer mit seinen Händen und seinem Geist aufkommt für das, was er zum Leben braucht, gehört zu den Grundeinsichten der Menschheit. Aber diese Verbindung darf, meine ich, nicht das erste sein. Sonst tritt eine verheerende Akzentverschiebung ein. Arbeit ist dann *im Extremfall nicht mehr Lebensinhalt, sondern Lebensunterhalt.* Wenn der Lohn der ausschließliche Sinn der Arbeit ist, dann führt das unweigerlich zum inneren Tod, zum Tod von Liebe, von Muße, von Gefühlen, von Beziehungen, von dem, was man in der Tradition „Seele" nannte. Das Geld, ein unpersönliches totes Ding, tritt zwischen Dich und Deine Arbeit, führt Dich in die Fremde, von Dir weg (die Marxisten nennen das „Entfremdung", wir Christen vielleicht „Sünde", wenn Du selber schuld daran bist, und „Erbsünde", wenn Du selbst nichts für diesen Zustand kannst). Du mußt Dich also zu einer personalen Entscheidung durchringen. Mußt Dich fragen, wo Du arbeiten willst, welche Arbeit Du tun kannst, wie Du Deine Fähigkeiten am besten entfalten kannst, ob Du vielleicht weniger Lohn in Kauf nehmen sollst, um eine Arbeit zu tun, die Dich ganzheitlich erfüllt, ob Du vielleicht zu alternativen Unternehmen und Arbeitsformen übergehen kannst. Du mußt schauen, daß Dein Beruf wieder eine Berufung wird.

Du weißt, daß Du in ganz bestimmten Verhältnissen lebst, *unter ökonomischen Bedingungen, die Dich zwingen, Deine Arbeitskraft zu verkaufen.* Um eine Arbeit zu bekommen, mußt Du Dich anpreisen, Dich darstellen, sozusagen verpacken. Eine höchstqualifizierte liebe Bekannte bemühte sich jahrelang um eine Arbeit, immer vergeblich, bis man ihr sagte, sie möchte doch beim Bewerbungsschreiben ein anderes Foto beilegen, ein Bild, das sie von der Seite zeigt, nicht von vorne (aufgrund einer Kriegsverletzung hat sie ein Glasauge). Der Erfolg war unmittelbar: gleich die erste Bewerbung mit dem neuen Bild brachte die Einladung, sich persönlich vorzustellen. Viele können von ähnlichen Erfahrungen berichten. Man wird gezwungen, seine Phantasie und Kraft weniger auf das eigene Glück zu verwenden als auf die eigene Verkäuflichkeit. Das aber berührt zutiefst die Würde des Menschen, der so nicht um seiner selbst willen geschätzt und geliebt wird, sondern aufgrund einer gekonnten und vielleicht trügerischen Verpackung. Die Folge ist, daß man, um Arbeit zu bekommen, die Selbsteinschätzung an falschen Maßstäben orientiert. Das Selbstwertgefühl schwindet, die Bindungsfähigkeit geht verloren, Ehen scheitern, Worte tragen nicht mehr, der Sinn wird nirgendwo mehr greifbar. Der Akzent verschiebt sich vom Sein zum Schein. Noch einmal stehst Du vor einer personalen Entscheidung. In

Deinem eigenen Interesse wirst Du versuchen, Dich diesen Verkaufsmechanismen zu verschließen und Dein eigenes Sein zu wählen.

Laut einer wissenschaftlichen Untersuchung empfinden die meisten Menschen (etwa 60%) *kaum Interesse an der Arbeit als solcher.* Sie finden die Arbeit nur vorübergehend interessant, für kurze Zeit, punktuell, nicht aber grundsätzlich und für immer. Sie beginnen erst nach der Arbeit aufzuleben: am Feierabend, den sie kaum erwarten können, am Wochenende, das sie womöglich zu verlängern suchen, in den Ferien, die sie möglichst weit weg vom Arbeitsplatz verbringen möchten. Die Hände sind vom Herzen getrennt. Eine große Kluft tut sich auf zwischen dem, was jemand ist, und dem, was einer tut. Nur wenige Menschen sind im Werk drin, das sie tun. Die meisten können sich nicht sehen in den Dingen, die sie an die Hand nehmen. Wir haben in unserem Kloster einen Gärtner: in jedem Baum, in jedem Apfel, in jedem Beet kann ich ihn erkennen und er sich selbst wahrscheinlich auch. Wie schön wäre es, wenn sich alle Menschen in der Arbeit, die sie tun, wie in einem Spiegel wiedererkennen könnten. Und wie steht es bei Dir? Was kannst Du tun, damit Deine Arbeit wirklich *Deine Arbeit* wird? Das ist um so notwendiger, als noch ein weiteres Faktum hinzukommt. Die Arbeitsbedingungen, zu denen die meisten Menschen verurteilt sind, führen zu einer *Trennung des Verstandes vom Gefühl.* Die meisten Menschen sehen zwar ein, daß sie arbeiten müssen, aber ihr Herz lebt anderswo. Sie verstehen sich selbst nicht mehr. Sie haben den großen Zusammenhang verloren, können nicht mehr nach dem Warum und Wofür fragen. Sie nehmen hin, was ihnen Wirtschaft und Gesellschaft anbieten. Die Kraft der Liebe ist weitgehend gestorben, ebenso die Fähigkeit, etwas schöpferisch zu verändern. Die Religion hat die reale Bedeutung im Leben vieler Menschen verloren. Wer kann schon wie Franziskus Gebet und Hingabe an Gott mit der konkreten Arbeit, die er tut, verbinden? Auf der anderen Seite bleibt der Mensch für die religiöse Dimension ansprechbar, verfällt aber, weil die kritische Vernunft ausfällt, oft falschen Propheten und fanatischen Irrtümern. Die wahren religiösen Fragen bleiben verdeckt. Du mußt Dich angesichts dieser Feststellung fragen, wie Du Deine Ganzheit wieder zurückgewinnen kannst, gerade auch im Bereich der Arbeit.

3. Die Ökonomie und ihr Absolutheitsanspruch

So kannst Du auf Schritt und Tritt entdecken, wie unsere Arbeit sich vom Menschsein isoliert hat. Die meisten Menschen leben in der Fremde, entfremdet von sich selbst.

Wir leben in einem System, in dem *die Ökonomie einen Absolutheitsanspruch erhebt, der keine ethischen oder gar theologischen Erwägungen zuläßt.* Das erkannte man bereits im letzten Jahrhundert, als man in England den ersten Lehrstuhl für diese Wissenschaft einrichtete, die „so sehr dazu neigt, alles andere an sich zu reißen" (E. Copleson, der damals Rektor des Oriel College war). Bis heute ist das oberste, durch nichts zu kritisierende Dogma der Ökonomie die *Rentabilität:* Es muß etwas wirtschaftlich sein, das heißt „gewinnbringend". Dabei übersieht man, daß etwas kurzfristig Gewinn bringen kann, langfristig aber einen nicht wiedergutzumachenden Verlust bedeutet (Rohstoffverbrauch). Man übersieht, daß der Gewinn nicht einfach identisch ist mit größeren Verkaufszahlen, mit Geld- und Kapitalzuwachs („Was nützt es dem *Menschen,* wenn er die ganze Welt gewinnt, dabei aber sich selbst verliert und an seiner Seele Schaden leidet?": Lk 9,25). Der Ökonomie ist es völlig gleichgültig, wieviele Arbeitslose es gibt, Hauptsache ist, daß das Bruttosozialprodukt eines Landes wächst und daß die Bilanzen stimmen. Ich weiß, daß ich mich hier auf einem Gebiet bewege, auf dem ich nicht Fachmann bin. Darum möchte ich einem Ökonomen das Wort geben, der den Absolutheitscharakter der Ökonomie erkannt hat und den ich für einen wichtigen Propheten unserer Zeit halte:

„Ein Mensch ohne Aussicht auf Arbeit ist in einer verzweifelten Lage. Nicht nur weil er kein Einkommen hat, sondern weil ihm der durch nichts zu ersetzende nährende und belebende Faktor disziplinierter Arbeit fehlt. Ein moderner Wirtschaftswissenschaftler kann sich in kunstvollen Spekulationen darüber ergehen, ob Vollbeschäftigung sich ‚auszahlt‘ oder ob es ‚wirtschaftlicher‘ wäre, eine Volkswirtschaft unterhalb der Vollbeschäftigungsschwelle zu halten (d. h. also im Klartext: gewollte Arbeitslosigkeit: A. R.), so daß eine größere Beweglichkeit der Arbeitskräfte, stabilere Löhne und so weiter gesichert sind. Sein grundlegender Erfolgsmaßstab ist die Gesamtmenge an Gütern, die in einem bestimmten Zeitraum hervorgebracht wird. ‚Wenn der Grenzbedarf an Gütern gering ist‘, sagt Galbraith in ‚Gesellschaft im Überfluß‘, ‚dann ist es auch nicht unbedingt nötig, den letzten Menschen oder die letzte Million Menschen aus

dem Arbeitskräftereservoir heranzuziehen.' Und weiter:
‚Wenn … wir uns im Interesse der Stabilität ein gewisses
Maß an Arbeitslosigkeit leisten können – und das ist, ne-
benbei gesagt, eine Vorstellung mit untadelig konservati-
ver Vergangenheit –, dann können wir auch den
Arbeitslosen die Güter geben, mit denen sie ihren ge-
wohnten Lebensstandard aufrechtzuerhalten vermö-
gen.'… Damit wird die Wahrheit auf den Kopf gestellt,
weil Güter für wichtiger als Menschen und Konsum für
wichtiger als schöpferisches Tun gehalten werden. Damit wird der Schwerpunkt vom Arbeiter auf das Ergebnis der Arbeit verlagert, daß heißt vom Menschlichen
zum Untermenschlichen" (Schumacher 50 f).

Wenn Du bedenkst, welche Folgen eine solche Einstellung für uns hat, kannst Du nicht mehr gleichgültig den Realitäten unseres Wirtschaftssystems ge-
genüberstehen. In einigen Unternehmen hat man
bereits damit begonnen, Menschen über 35 Jahren
zu entlassen, weil sie nicht mehr flexibel und stark
genug sind, um den Arbeitsforderungen zu genügen. Die Produktion wird in Länder verlegt, wo die
Arbeitskräfte besser ausgebeutet werden können
und nicht den gesetzlichen Schutz haben wie bei
uns. Der wirtschaftlichen Expansion und Rationali-
sierung werden Menschen geopfert. Mit anderen
Worten: Je weniger Arbeitszeit, um so mehr Wachstum. Die Zahlen sind erschreckend: Bei einem jähr-
lichen Wachstum von 5% werden wir in 14 Jahren
doppelt, in 28 Jahren viermal, in 56 Jahren achtmal
so viele Güter herstellen wie heute. Im gleichen Zeitraum müßte aber im umgekehrten Verhältnis die Arbeitszeit verkürzt werden: Wenn wir heute 40 Stunden arbeiten (wie in der Bundesrepublik Deutschland), werden es in 14 Jahren 20, in 28 Jahren 10 und
56 Jahren 5 Stunden sein.

Ich sage Dir das, weil diese Feststellungen beweisen, daß niemand eine rein private Spiritualität der Arbeit leben kann. Du mußt Deine Arbeitsauffassung von anderen als ökonomischen Werten her bestimmen lassen. Du mußt Dich fragen, wie lieb Dir die uns allen anvertraute Welt ist, die Natur mit ihren Wiesen, Wäldern, Wassern, die Erde mit ihren unwiederbringlichen Gütern wie Öl, Aluminium, Kupfer, Kohle, Eisen, der Mensch mit seinen Fragen, Zweifeln, mit seinen Hoffnungen, Sehnsüchten, Bedürfnissen, mit seinen Gefühlen, seinem Herzen, seinem Leib, Du selbst mit Deinen Gedankenflügen, Deiner Seele. Du mußt also Deine Arbeit in einen größeren Zusammenhang hineinstellen. Vielleicht mußt Du Dich manchem, was Dir verkehrt scheint, verweigern, vielleicht Dich zusammenfinden mit anderen, die auf ein besseres Wirtschaftssystem hinarbeiten.

4. Arbeit im Rahmen eines Befreiungsprozesses

Ich bin zwar auch der Auffassung, daß uns unsere Arbeit mit der Schöpfungskraft Gottes in Verbindung bringt. Aber eben nicht einfach in einem ontologischen, sondern in einem geschichtlichen Sinn. Mit anderen Worten: wir sind zwar Ebenbilder Gottes, kreativ, mit Phantasie begabt, Künstler im Umgang mit der Welt, Arbeiter, die in der Arbeit selbst Sinn und Glück finden und darum in den göttlichen Jubel ausbrechen können – das alles ist jedoch nicht einfach vorgegeben, nicht selbstverständlich da, sondern muß *in einem geschichtlichen Bemühen* erst verwirklicht werden.

170

Wir müssen uns zur erfüllten Arbeit, zur Kreativität befreien und befreien lassen. Vielleicht ist die *Arbeit für diese Befreiung aus der Knechtschaft der Arbeit* die eigentliche Teilnahme am göttlichen Werk.

Das aber setzt voraus, daß wir zur *Solidarität* finden, zu einem brüderlich-schwesterlichen Verhalten, dem sowohl die eigene als auch die fremde Arbeit am Herzen liegt. Wir dürfen die Ökonomen nicht einfach wie bisher weitermachen lassen. Wir müssen zusammenstehen, Verantwortung tragen für die Generationen, die nach uns kommen, und für die Menschen, die keine Arbeit haben.

Wie schön wäre es z. B., wenn sich viele zusammenfänden und sagten:

„Wir, die wir das Glück haben, in Arbeit und Verdienst zu stehen, treten von unseren 40 Wochenstunden für euch ab und geben euch damit Gelegenheit, euren Familien Unterhalt durch eigene Arbeit zu verdienen. Bisher sind wir dafür aufgekommen: über unsere Lohn-, Mehrwert- und anderen Steuern, unsere Sozialbeiträge und anderes mehr haben wir auf vielerlei Wegen und Umwegen die Mittel aufgebracht, um euch über die arbeitslose Zeit hinwegzuhelfen. Das läßt sich viel einfacher, durchsichtiger, ganz unbürokratisch, echt solidarisch machen: Hinfort übernehmt ihr die fünf Wochenstunden mit deren Lohn. Wie wir diese uns entfallenden Löhne wieder hereinbringen, das laßt unsere Sache sein; nehmt ihr uns nur erst einmal die fünf Stunden Arbeitszeitlast ab" (Nell-Breuning 73).

Es wäre doch viel zu sagen über eine solidarische Arbeitsauffassung, die alle Aspekte berücksichtigt und einen neuen *Lebensstil* hervorbringen könnte. Vielleicht entwickelst Du eigene Gedanken dazu.

5. *Opus Dei und Sonntag*

In diesem Zusammenhang möchte ich Dich an zwei Grunderkenntnisse unserer christlichen Tradition erinnern.

Zunächst einmal an das Opus Dei (= Werk Gottes). Ich meine selbstverständlich nicht die gleichnamige Gemeinschaft, sondern die Tätigkeit der monastischen Orden. Diese waren überzeugt, daß die eigentliche Arbeit des Mönches als Opus Dei zu verstehen sei, d. h. als Werk, das Gott an den Menschen tut, und ebenso als Werk, das der Mensch für Gott tut. Gemeint war das ganze Leben des Mönches, das im spielenden Dasein vor Gott, in der Liturgie und im Gebet seinen Höhepunkt hat, das aber in der Befreiung aus den Notwendigkeiten der Natur (= Kulturarbeit) seine Mühe und seinen Alltag hat.

Dann aber möchte ich an die *Befreiung von den knechtlichen Arbeiten* erinnern, welche die Kirche für den Sonntag gefordert hat. Wenigstens einmal in der Woche sollte der Mensch frei sein, befreit und gelöst von allen menschenunwürdigen Bedingungen. Der Mensch sollte immer wieder an seine gottgewollte Würde erinnert werden, an das Ziel, in dem er nur noch Grund zum Jubeln hat und wo das Leben übervoll ist.

Ich bin fest überzeugt, daß wir diese beiden Traditionen wieder verlebendigen müssen, wenn wir menschlich ein Stück weiterkommen wollen. Du selbst kannst Dich fragen, ob Du Dein Leben nicht wieder mehr als Opus Dei verstehen könntest und wie Du Dich zusammen mit anderen im sonntäglichen Gewand als aufrechter Mensch erleben kannst.

172

Ich sehe hier eine große Aufgabe für Menschen, die sich kirchlich engagieren wollen. Der Gottesdienst könnte wieder zum Ort werden, wo Du und andere die Impulse und die Kraft holen, um die Arbeitswelt anders zu gestalten. Dort könntest Du wieder erleben, daß der Mensch eine Ganzheit ist und daß er eine Zukunft in Gott hat. Der Sonntag könnte wieder jene *andere Dimension* zum Ausdruck bringen, die der Mensch notwendig braucht. Nicht um beschwichtigt und getröstet zum Alltag zurückzukehren, sondern um die Welt zu erneuern.

6. Muße

Der Muße mußt Du in Zukunft noch mehr Aufmerksamkeit widmen als bisher. Denn die Arbeitszeitverkürzung steht in einem Ausmaß bevor, wie wir es uns kaum vorstellen können. Darum mußt Du fähig werden, die freie Zeit nicht einfach nur zu verschlafen.

Zwar ist auch der *Schlaf* etwas Wichtiges. Du brauchst ihn, um Mensch zu sein. Du kannst ihm verschiedene Dimensionen abgewinnen. Schlafen können bedeutet Vertrauen haben, loslassen können, sich nicht für unersetzlich halten... Aber alle freie Zeit zu verschlafen, hieße die Tiefe, die in uns angelegt ist, verkennen.

Es gibt so vieles in Dir, was zur *Entfaltung* drängt, so vieles, was brach liegt und bebaut werden könnte, so vieles, was Du erlernen müßtest. Es gibt so viele *Menschen,* die auf Dich warten, die nach einem Gespräch und nach einer liebenden

Gebärde Ausschau halten. Und Du selbst: brauchst nicht auch *Du* immer wieder das Gespräch, eine zärtliche Geste, Zuwendung, ein Gedicht, ein schönes Lied, ein gutes Buch?

Wie gesagt, die Menschen müssen neu entdekken, was Leben ist. Sie werden eine große Chance bekommen, werden sich einstellen müssen, nicht nur auf die Feierabende, sondern auf die Muße, die erzwungenermaßen auf uns zukommen wird. „Wie im einzelnen dieser Vorgang ablaufen wird, kann nur die Zukunft lehren. Anstatt die Arbeitszeit nach (Wochen-)Stunden zu kürzen, kann man andere Formen wählen, *arbeitsfreie* Wochen, Monate, selbst Jahre durch späteren Beginn oder früheres Ende oder durch Unterbrechung des Arbeitslebens durch sog. ‚Sabbatjahre'" (Nell-Breuning 63 f).

Diese ökonomisch bedingte Muße des Menschen sollten wir bereitwillig annehmen – als Geschenk des Himmels. Und wir sollten uns jetzt schon darauf einstellen und unsere Innerlichkeit, unsere Dialogfähigkeit, unsere Fähigkeit zu lernen, unsere künstlerische Ader, unsere Reiselust entdecken.

Nun muß ich allerdings feststellen, daß es viele gibt, gerade in den helfenden Berufen (Priester, Ärzte, Schwestern, Sozialarbeiter), die ein hohes Maß an *Unfähigkeit zur Muße* zeigen. Ich glaube, daß hier ein gutes Stück Aszese notwendig ist. Jeder muß sich zur Muße „zwingen", zu freien Tagen, zu Ferien. Es sage niemand, er habe das nicht nötig. Denn solange wir auf Erden sind, ist die Mühe das notwendige Angebinde der Arbeit. Man wird müde dabei. Und wer sich nicht erholt, wird bald einmal eine Last für andere.

Liebe Schwester, lieber Bruder, ich glaube, ich habe Dir wieder schwer verdauliche Kost zusammengekocht. Aber ich denke, daß sie Dir hilft, um Deinen Ort in dieser Welt zu finden und auch Deine Arbeit in einem großen Zusammenhang zu sehen.

Brief 12

Kultur der Beziehungen

Liebe Schwester, lieber Bruder,

in die freie Zeit gehört natürlich all das, was ich Dir früher zu den Stichworten Gebet, Kontemplation, Kirche usw. gesagt habe. Ich möchte auch daran erinnern, daß der Mensch immer wieder als „homo ludens", als spielender Mensch definiert worden ist. Mit anderen Worten: Nirgendwo kannst Du so sehr bei Dir selbst sein, wie wenn Du spielst. Ich möchte es Dir gönnen, daß du immer wieder die wahrhaft menschliche Dimension des Spielens entdecken kannst. Die schönsten Stunden im Leben der Menschen sind Stunden des Spiels. Nicht vergeblich spricht man vom „Liebesspiel" zwischen Mann und Frau. Ich denke, daß damit ein großartiger Zusammenhang zwischen Liebe und Spiel hergestellt ist: eine Liebe, die spielt; ein Spiel als Ausdruck der Liebe; eine Beziehung, die – wenigstens im Moment des Spiels – mühelos ist ...

1. Liebe

Im Buch von D. Sölle, das ich Dir schon mehrfach zitiert habe, steht ein Satz, der mich veranlaßt hat, der Autorin zu schreiben. Sie schreibt nämlich, daß die Theologiegeschichte leider immer nur eine „creatio ex nihilo" (eine Schöpfung, die aus dem Nichts entstanden ist), nie aber eine „creatio ex amore" (eine Schöpfung, deren Ursprung die Liebe ist) beschrieben habe. Ich konnte die Autorin auf Duns Skotus, einen großen Franziskanertheologen, aufmerksam machen, der eine ganze Theologie aus dem Satz abgeleitet hat: Gott ist die Liebe. Wenn Gott die Liebe ist, dann kann er nicht einsam sein, dann braucht er ein Gegenüber, dann braucht er ein geschaffenes Gegenüber, das er lieben kann, das seine Liebe erwidert: „Deus vult condiligentes se", Gott will Wesen, die mit ihm zusammen lieben. Deshalb schafft er sich ein ebenbürtiges Gegenüber: Jesus von Nazaret, und im Blick auf ihn die ganze Schöpfung mit den Tieren und allen Menschen.

Die Liebe ist die Grundlage von allem. Darum möchte ich Dich einladen, ein Brunnen der Liebe zu sein, Beziehungen zu pflegen, Gemeinschaft zu leben, Freundschaft zu suchen, auf ein Du hin ausgespannt zu sein, Dich vielleicht in einer religiösen Gemeinschaft oder in einer Ehe zu binden, das Spiel der Liebe zu suchen.

2. Ehelosigkeit

Es gibt zwar die religiöse Berufung zur *Ehelosigkeit* „um des Himmelreiches willen" (Mt 19,12). Aber auch die Ehelosigkeit ist nicht ohne Beziehungen. Sie muß sich wesentlich als Form gelebter Beziehungen verstehen, sonst verliert sie sowohl die theologische Begründung als auch die Möglichkeit wahren Menschseins. Es handelt sich um ein Leben, das auf das große Du hin, auf Gott ausgespannt ist und sich in einer ganzheitlichen personalen Hingabe in Gebet, Kontemplation ausdrückt. Zudem muß sich die Ehelosigkeit innerhalb menschlicher Beziehungen ansiedeln.

Vielleicht verstehst Du von daher, daß z. B. Franz von Assisi von der Mütterlichkeit spricht, welche jeden seiner Brüder bestimmen sollte. Ich könnte Dir nun des langen und breiten berichten, wie sehr Franziskus die Brüderlichkeit, die immer etwas Mütterlich-Bergendes an sich tragen sollte, in den Vordergrund rückte, wie sensibel er z. B. seinem Freund Leo begegnete, wie zart seine Freundschaft zu Klara von Assisi und zu Jakoba von Settesole war. Da gab es keine Berührungsängste: Als Franziskus einmal schrecklich Angst hatte, rief er einen Bruder, damit er ihn halte, eine ganze Nacht lang; als er einmal sah, wie bleich ein Bruder war, bat er ihn in den Weinberg, wo er ihm Traube für Traube in den Mund steckte ...

3. Gemeinschaft

Es geht immer um leibhafte Gemeinschaft, um konkrete Liebe. In diesem Zusammenhang möchte ich Dir einen Text von D. Sölle zitieren. Um ihn verstehen zu können, mußt Du wissen, daß sie vorher vom Dualismus gesprochen hat, der die leibhafte Liebe, die leiblich-körperliche Ausstrahlung, die konkret ausgestaltete Nähe (= Erotik) als böse abgetrennt hat von der fürsorglichen Liebe Gottes (= Agape):

„Ein lebendiges und ungewöhnliches Zeugnis für die Unzertrennlichkeit dessen, was die dualistische Tradition oft hierarchisiert und zerrissen hat, ist das Leben des Franziskus von Assisi, eines Heiligen, in dessen Spiritualität Eros und Agape miteinander verschmolzen. Franziskus, der sich selbst einen ‚Troubadour Gottes' nannte, verehrte seine geliebte ‚Frau Armut' in der Form von höfischen Minneliedern. Sein Lebensstil ist ein Beispiel für die die Zeitgenossen peinlich berührende Vermischung von erotischer und fürsorglicher Liebe. Aus seinen Gebeten, Aussprüchen und manchmal närrischen Taten spricht die Leidenschaft für Gott und zugleich eine ungeteilte Liebe zu allem Lebendigen. Aussätzige hat er umarmt und geküßt. Die brüderliche Gemeinschaft, in der er lebte, schuf ein Klima der Zärtlichkeit und Erotik. Sie verschenkten all ihr Eigentum und auch die Gaben, die sie von andern erhielten; gleichzeitig achteten sie aber aufmerksam auf die Bedürfnisse der Schwächeren in der Kommunität und brachen nicht selten die strengen asketischen Regeln, zum Beispiel des Fastens. Extreme Ausdrucksformen der Freude und des Schmerzes wie Tanzen und Weinen waren für Franziskus und seine Brüder ganz natürlich.

Aus einer solchen Perspektive muß ein Leben ohne Leidenschaft, ohne Verwundbarkeit und Freude, als Tod erscheinen. In der Liebe finden wir die Gewißheit, daß wir gebraucht werden, und nicht nur ein Bewußtsein unserer eigenen Bedürftigkeit. In dem Maße, in dem wir uns als nicht gebraucht und ersetzbar erfahren, sind wir tot. Wir können aber wissen, ‚daß wir aus dem Tode in das Leben gekommen sind, denn wir lieben die Brüder' (1. Johannes 3, 14). Die biblische Tradition gründet das Bedürfnis, gebraucht zu werden und anderen ein Bedürfnis zu sein, in der Schöpfung selbst. Unser Nachdenken über das Bedürfnis nach Liebe – Liebe geben und Liebe empfangen zu können – erreicht einen Punkt, an dem es notwendig wird, von Gott zu sprechen, der uns alle, jeden einzelnen von uns, vorbehaltlos braucht und bedingungslos liebt. Um die Schöpfung weiterzutreiben, ist Gott darauf angewiesen, daß wir

179

endlich und immer mehr lieben lernen. Im sozialen und politischen Kampf gegen den Tod, der in Hunger, Ausbeutung und Krieg über uns herrscht, will Gott von unseren Leidenschaften und unserer ganzen, ungeteilten Liebe zum Leben Gebrauch machen" (200 f.).

Ich meine, daß in diesem Abschnitt sehr viel enthalten ist, was Du weiterführen kannst. Entweder in einer Ordensgemeinschaft, in einer Ehe, in einer Freundschaft oder ganz einfach in den verschiedenen Gruppierungen, in denen Du lebst und arbeitest. Immer geht es um gefühlvolle und ganzheitliche, um einfühlende und leiblich erfahrbare Liebe.

4. Geistliche Freundschaft

In den letzten Jahrhunderten ist etwas vermiest worden, was in den vorausliegenden Zeiten geschätzt und gepriesen wurde: die geistliche Freundschaft. Bis in unsere Tage hinein mußte man in Ordensgemeinschaften die Türe offen lassen, wenn man sich zu zweit irgendwo zurückzog. Freundschaften innerhalb einer Gemeinschaft waren verpönt, selbstverständlich noch mehr die Freundschaften zu Außenstehenden oder gar zu Andersgeschlechtlichen.

Demgegenüber möchte ich die Tradition der geistlichen Freundschaft wieder hochleben lassen. Bitte, schließe aus dem Beiwort „geistlich" nicht, daß es sich um eine platonische Liebe oder Freundschaft handelt, also um etwas Weltenthobenes, Reingeistiges, Ideales. Mit „geistlich" meint man bloß das Ineinander von göttlicher und menschlicher Liebe. Denn wenn es wahr ist, daß wir Freunde Gottes oder Freunde Christi (vgl. Joh 15) sind, dann sucht sich diese Freundschaft immer auch einen Ort, wo sie aufleuchten kann. Und das ist die Freundschaft zwischen zwei Menschen, eine konkret-nahe, leibhaft-erfahrbare Freundschaft unter Glaubenden. Vielleicht kennst Du das bekannte Bild von der *Johanneskommunion*. Dann wirst Du verstehen, was gemeint ist. Die Innigkeit, die Du da abgebildet siehst, ist nicht mehr schöner und tiefer darzustellen. Auch Worte können eigentlich nicht mehr sagen.

Vielleicht ist es trotzdem gut, noch einen Bibeltext anzufügen:

„Ein treuer Freund ist ein starker Schutz,
wer einen solchen gefunden,
hat einen Schatz gefunden.

Mit einem treuen Freunde ist nichts zu vergleichen,
und wertlos ist gegen die Vortrefflichkeit seiner Treue
Gold und Silber.

Ein treuer Freund ist ein Heilmittel für Leben
und Unsterblichkeit,
und die den Herrn fürchten,
finden einen solchen.

Wer Gott fürchtet,
der wird auch herrliche Freundschaft haben,
denn wie er selbst ist,
wird auch sein Freund sein" (Sir 6, 14 ff.).

Hier schon kannst Du die religiöse Tiefendimension entdecken, von der die geistliche Freundschaft überzeugt ist. Ich möchte jetzt aber Deine Aufmerksamkeit auf ein Werk des heiligen Aelred ziehen. Als ich es in einer Sammlung mittelalterlicher Texte fand und las, war es für mich wie Feuer und Flamme, in denen alles gereinigt wurde, was ich bisher von Liebe und Freundschaft gedacht habe. Ich wollte es damals übersetzen, hatte auch schon damit begonnen. Dann erschien es plötzlich auf dem Büchermarkt, was mich von einer Arbeit, die mir notwendig schien, befreite und mich doppelt beglückte. Ich möchte Dir einige Sätze dieses Werkes zitieren und da und dort kommentieren:

Die Erfahrung unechter Freundschaft. Schon in seinem Prolog weiß uns Aelred Wesentliches zu berichten, indem er an eine Jugenderfahrung anknüpft:

„Nichts Süßeres, nichts Erfreulicheres, nichts Heilsameres gab es für mich als Lieben und Geliebtwerden. Immer wählend neue Freunde und Freundschaften, flatterte mein Herz hierhin und dorthin. Das Gesetz der wahren Freundschaft war mir unbekannt, und ich ließ mich äffen von dem, was ihr ähnlich sah" (O., 1 f., S. 3).

Bereits in diesen Sätzen ist Grundlegendes gesagt. Flatterhaftigkeit verträgt sich nicht mit Freundschaft. Sie bezieht sich nur auf einige Menschen, ist beständig. Sie hat zwar das Grundbedürfnis von Lieben und Geliebtwerden als Basis, ist aber weit mehr als das. Interessant ist nun, daß bei Aelred neben der praktischen Erfahrungsbasis der Liebe das Werk Ciceros, vor allem aber die Heilige Schrift zu einem Läuterungsprozeß führt. Mit anderen Worten: Du mußt die Erfahrungsbasis der Liebe für tiefere, religiöse Erfahrungen öffnen, für Jesus von Nazaret, in dem die rein menschliche Freundschaft ins Unendliche hin aufgesprengt ist. Um sich und anderen klar zu machen, was Freundschaft ist, entschließt Aelred sich, ein Buch über die Freundschaft zu schreiben.

Die Erfahrung der Dreidimensionalität der

Freundschaft. Mir scheint es wie ein Paukenschlag, wenn Aelred sein dreiteiliges Buch mit der Feststellung beginnt:

„Hier sind wir beide, ich und du, und ich hoffe, als dritter ist Christus bei uns. Nichts stört, nichts unterbricht unser Gespräch. Kein Laut, kein Ruf dringt in diese selige Einsamkeit. Nun denn, mein Lieber, öffne dein Herz, laß die Ohren deines Freundes hören, alles, was du sagen möchtest. Nützen wir diesen stillen Ort, diese ruhige Zeit, diese seltene Muße! Als wir vorhin in der Schar der Brüder saßen, und alle ringsherum so munter redeten, der eine fragte, der andere erklärte, dieser warf eine Frage auf über die hl. Schrift, jener über die Moral, ein dritter über die Laster, noch einer über die Tugenden, sagtest du allein nichts. Wohl hobst du einmal den Kopf, wie bereit, etwas zu sagen; aber als wenn dir das Wort in der Kehle steckengeblieben wäre, so senktest du wieder schweigend das Haupt. Für einen Augenblick verließest du unsern Kreis, und als du bald zurückkamst, war dein Gesicht traurig. Aus all dem konnte ich nichts anderes erkennen, als daß du gern deine Ansicht äußern wolltest, doch nicht in der Menge und nur in der Stille" (I., 1 f., S. 7).

Spürst Du, wie Aelred hier den Qualitätsunterschied, der zwischen Gemeinschaft und Freundschaft besteht, herausarbeitet? Gemeinschaft ist gewiß Kommunikation, und es ist schön, so zusammenzusein. Aber sie erreicht selten jene Tiefe, in der sich alle eins wissen. Man spricht über dieses und jenes, über Gott und die Welt, die einen sind beteiligt, die anderen stehen am Rande. Die Freundschaft dagegen sucht die Stille, eine längere Zeit der Muße, das „tête-à-tête", die leibliche Nähe, das konzentrierte Gespräch oder das konzentrierte Schweigen, die Möglichkeit, alles zu sagen, auf jeden Fall eine Intimität, die in eine Tiefe führt, in der plötzlich eine andere, unerwartete Dimension aufbricht: das Geheimnis Gottes, der Heilige Geist, Jesus Christus. Du kannst es nennen, wie Du willst, auf jeden Fall übersteigt die echte Freundschaft sich selbst ins Ekstatische hinein, in die Dimension der Transzendenz, von der menschliche Liebe und Freundschaft ja immer schon getragen und ermöglicht wird.

Die Erfahrung der Gegenseitigkeit.

„Sprich ruhig und ohne Eile mit deinem Freunde über alle Sorgen und Pläne, ob Du lernst oder lehrst, gibst oder empfängst, vertiefen oder schöpfen wirst" (I., 4, S. 7).

Freundschaft beruht wesentlich auf Gegenseitigkeit. Sie ist nie einseitig – außer in einer tragischen Täuschung, die früher oder später an den Tag kommt.

Die Erfahrung geschenkter Einheit. Cicero hatte die Freundschaft als „die mit Wohlwollen und Liebe gepaarte Übereinstimmung in der Auffassung göttlicher und menschlicher Dinge" definiert. Aelred und sein Freund – Aelred gibt seinen Ausführungen die Gestalt eines freundschaftlichen Dialogs und bringt so zum Ausdruck, daß der Dialog die angemessene Form ist, um über Freundschaft zu schreiben – diskutieren dann des langen und breiten darüber, ob diese Definition richtig ist, ob sie zuviel oder zu wenig behauptet. Im Laufe der Ausführungen zu diesem Diskussionspunkt fallen dann folgende Sätze:

„Ich bin überzeugt, die wahre Freundschaft unter Menschen ohne Christus ist ein Ding der Unmöglichkeit. ... Ich halte dafür, amicus, der Freund, leitet sich her von amor, die Liebe. Von amicus, der Freund, wiederum amicitia, die Freundschaft. Die Liebe aber ist ein gewisser Antrieb der vernunftbegabten Seele, der sie etwas sehnsüchtig begehren läßt, um es genießen zu können. Er läßt sie es genießen mit dem inneren Gefühl der Süßigkeit, läßt sie es umarmen und festhalten. Ihre Antriebe und Regungen habe ich in meinem ‚Spiegel' (...) beschrieben. Ferner wird der Freund der Liebe ihr Schützer genannt, manche sagen lieber ‚Schützer des Herzens'. Denn mein Freund muß eine gegenseitige Liebe, ja mein und sein Herz beschützen, alle Geheimnisse getreulich schweigend behüten, alle Fehler, die ihm nicht verborgen bleiben, ertragen und nach Kräften bessern, sich freuen mit dem Fröhlichen, weinen mit dem Weinenden und fühlen als seine Sache, was des Freundes ist. Freundschaft ist demnach die Tugend, die zwei Seelen durch das Band der Liebe und des Wohlgefallens so fest verknüpft, daß aus beiden eine wird. Deshalb haben auch die Weltweisen die Freundschaft nicht als Erscheinungen des Lebens, die zufällig und hinfällig sind, bezeichnet, sondern als Tugend, eine von den Tugenden, die ewig währen ... Offensichtlich (ist), daß Freundschaft ewig ist, wenn sie eine wahre ist; wenn sie aufhört, war sie nicht echt, auch als es so schien" (I., 16–21, S. 11).

Ich möchte Dich bitten, diesen Text mehrmals zu lesen. Denn er enthält so viele tiefe Gedanken, daß die Gefahr besteht, daß Du darüber hinwegliest. Du wirst zunächst einmal feststellen können, daß die Freundschaft nach Meinung des hl. Aelred eine eigentlich christliche Erscheinung ist, weil durch Jesus Christus erst eigentlich das Fundament entsteht, auf dem die Freundschaft wachsen kann. Halte dann auch fest, wie „erotisch", wie ganzheitlich von Freundschaft gesprochen wird. Aelred spricht nicht nur von Liebe, sondern auch von Antrieben, Regungen, Süßigkeiten, Genießen, Wohlgefallen, vom Sich-freuen und vom Weinen.

185

Unterstreiche auch die feine Definition des Freundes als „Schützer des Herzens", des eigenen und des anderen Herzens. Und was sagst Du wohl zum Ewigkeitscharakter der Freundschaft? Zur Ansicht, daß erst das Ende Echtheit und Unechtheit der Freundschaft erweist? Übrigens: Müßte man solches nicht auch von der Ehe sagen?

Ich halte hier ein mit den Zitaten und der Kommentierung des Buches des heiligen Aelred. Ich hoffe, daß ich in Dir die Lust geweckt habe, das Buch selbst einmal zur Hand zu nehmen und über längere Zeit damit zu leben. Auf jeden Fall wünsche ich mir, daß dieses Buch eine weite Verbreitung findet, auch in den Orden, in denen immer noch mehr die Gefahr gesehen wird, die hinter einer Freundschaft steht. Wer nur die Gefahren sieht, wird auch das Wunderbare nicht erleben, das in der Freundschaft grundgelegt ist. Ich möchte noch zwei Texte aus unseren Tagen anfügen. Ich kann sie leider nicht belegen, weil sie mir auf Karten aufgeschrieben wurden – von Menschen, mit denen ich die Verheißungen der Freundschaft teile:

„Du
bist gekommen
in mein Leben
mit allem, was du anhast
als Wesen
aus Licht,
Brot und Dunkel
wollte und brauche ich Dich,
und so liebe ich Dich...
Und wenn Du erscheinst,
rauschen alle Flüsse
in meinem Körper auf,

rütteln die Glocken am Himmel
und ein Hymnus erfüllt die Welt" (Pablo Neruda)

„Ein Tag wird kommen, an dem die Menschen rotgol-
dene Augen und siderische Stimmen haben, an dem ihre
Hände begabt sein werden für die Liebe, und die Poesie
ihres Geschlechts wird wiedererschaffen sein, und ihre
Hände werden begabt sein für die Güte, sie werden nach
dem höchsten aller Güter mit ihren schuldlosen Händen
greifen, denn sie sollen nicht ewig, denn es sollen die
Menschen nicht ewig, sie werden nicht ewig warten müssen ...!" (Ingeborg Bachmann).

5. Ehe

Wenn ich es mir so überlege, dann treffen eigentlich alle Ausführungen des heiligen Aelred auch
auf die Ehe zu. Sie sollte m. E. als Höchstform der
Freundschaft gesucht und gelebt werden. Die
Nähe wird hier noch enger, die Intimität noch grö-
ßer, die Einheit leiblich erlebt und gegenseitig bezeugt. Diese unüberbietbare Dichte menschlicher
Liebe wurde denn auch als würdig angesehen, Sakrament zu sein. Das heißt: Die eheliche Liebe
weist über sich hinaus, nämlich auf die Liebe Gottes selbst. Mehr noch: die eheliche Liebe ist der
Ort, wo Gott Menschen an seiner Liebe zur Schöpfung auf einmalige Weise beteiligt. Hier, in der gegenseitigen, unwiderruflichen Liebe zweier Menschen wird Gottes Liebe leiblich, konkret, erotisch,
zärtlich, geduldig, leidend...
Ich kann nicht sehr viel mehr zur Spiritualität
der Ehe sagen, weil sie ja nicht meine Lebensform
ist. Aber nach allem, was ich eben zur geistlichen
Freundschaft gesagt habe, kann ich mir die Ehe

nur in einer größeren und dichteren Leibhaftigkeit zwischen Mann und Frau vorstellen. Ich nehme dabei gerne das eucharistische Wort zu Hilfe: „Das ist mein Leib, der für euch hingegeben wird." Ich glaube, daß eheliche Spiritualität wesentlich darin besteht, daß der Mann der Frau und die Frau dem Mann täglich sagt: Ich bin da für dich; du kannst mich ansprechen, berühren, mit mir eins sein ...

Die Ehepartner müssen sich aber auch – gerade von der Leibhaftigkeit her – bewußt machen, daß der „Blick der Liebe", den sie mit Wohlgefallen und grundsätzlicher Bejahung aufeinander werfen, nicht nur den jetzigen Augenblick betrifft, nicht nur die jetzige Gestalt des anderen, sondern auch die ganze Zukunft, auch das Zerfallen der Leibesgestalt, die Schwächung des Geistes, Krankheit und Tod. Dieser „Blick der Liebe" ist darum eine Verheißung, die von der Ewigkeit her in die gegenwärtige Welt hineinragt. Entscheidend für eine Spiritualität der Ehe ist,

„daß in der Auferweckung Jesu Christi von den Toten für alle Menschen die Hoffnung auf eine Erfüllung ihrer Existenz in der Doxa Gottes, d.h. im Glanz und in der Weite, in der Unvergänglichkeit und in der Tiefe Gottes selbst gegeben ist. Von daher ist es möglich, den Blick der Liebe als eine Verheißung zu verstehen. Eine Verheißung dessen, was der andere einmal sein wird, als Vor-Schein seiner eigentlichen Zukunft, der ihn ganz durchdringenden und erfüllenden Teilhabe des Lebens, das noch kein Auge gesehen hat. Von dieser Gewißheit her heißt Spiritualität der Ehe: am andern festhalten, ihn immer wieder von der noch verborgenen Wahrheit seiner Zukunft her zu verstehen versuchen, für ihn und mit ihm auf Gott zu hoffen" (Scherer, 34).

6. Dialog und Konflikt

Vielleicht tönen Dir die bisherigen Ausführungen zu ideal. Sie müssen es ja sein, denn es sind Zielvorstellungen, Perspektiven für das Leben. Etwas anderes sind die konkreten Beziehungen, in denen immer wieder der Alltag durchbricht, die eigene Schwäche, das Mißverstehen, die Schuld, die Unfähigkeit, miteinander umzugehen.

Zwei Dinge sind mir hier besonders wichtig: die *Kultur des Gesprächs und die Kultur des Konflikts.*

Ich habe einmal in einer Gemeinschaft einen Kurs zur Kultur des Gesprächs durchgeführt. Am Anfang wollte ich prüfen, in welchem Ausmaß die Kursteilnehmer hören, verstehen, eine Meinung wiedergeben können. Ich kann Dir sagen: das Ergebnis war niederschmetternd. Von zehn Teilnehmern haben acht den anderen nicht verstanden. Darum möchte ich Dich bitten, einmal mit einem anderen zusammen, mit Deinem Freund, Mitarbeiter, Ehepartner folgendes auszuprobieren. Im Gespräch, das Ihr miteinander führt, wiederholt Ihr mit eigenen Worten, was der andere eben gesagt hat, und laßt Euch von ihm bestätigen, daß Ihr seine Meinung richtig verstanden habt. Mach das, immer wieder. Es wird Dir zugute kommen, wenn Du in einen Konflikt gerätst. Damit bin ich bereits auch schon beim zweiten. Immer wieder stellen wir fest, daß wir im Konflikt versagen. Wir laufen weg, schlucken etwas in uns hinein, was dann später wieder ganz massiv als Vorwurf hinauskommt. Dabei könnte gerade der Konflikt, selbst der Streit, zu einer neuen Qualität in der Beziehung führen. Nur so kann eine Beziehung gelingen und in jene Tiefe hineinragen, die ganz deutlich ihren göttlichen Ursprung verrät.

7. Vergebung

Noch etwas ist wichtig: die Vergebung. Ich glaube, daß es eine göttliche Fähigkeit ist, wenn Du verzeihen kannst. Du sagst dann nämlich: ja, das war falsch, aber ich lege Dich nicht für ewige Zeiten auf diesen Fehler fest; Du sollst die Möglichkeit haben, aus dem Fehler zu lernen, ein anderer zu werden. Das Verzeihen ist eine Form, wie wir Menschen am Schöpfungsakt Gottes teilnehmen: Wir gewähren neue Anfänge, ermöglichen neues Leben, eröffnen eine neue Welt.

Liebe Schwester, lieber Bruder, wenn ich hier von der Kultur der Beziehungen gesprochen habe, muß ich Dir zum Schluß aber dennoch sagen: Es gibt Menschen, die unter schrecklicher Einsamkeit leiden, die nicht zur Beziehung fähig sind... Nimm sie in Deine Liebe auf und denke daran: Sie erinnern Dich an die Tatsache, daß jeder Mensch einmalig ist, daß es auch in der Beziehung immer wieder die Erfahrung der Einsamkeit, der Unerfülltheit und Leere gibt – weil wir nun einmal auf ein Du hin geschaffen sind, das die ganze Welt übersteigt. Das menschliche Du ist zwar der Vorschein und die Greifbarkeit dieses großen Du Gottes. Dieses Du Gottes aber ist immer unendlich mehr.

Brief 13

Der Mensch in seiner Umwelt

Liebe Schwester, lieber Bruder,

ich will mit einem etwas provokativen Satz beginnen, den ich in meinen Papieren gefunden habe, ohne zu wissen, von wem er stammt. Wenn Du diesem Satz irgendwo begegnest, dann bitte ich Dich, mir zu schreiben oder zu sagen, wer der Autor ist: „Liebe ist keine Erfahrung des Geschlechts. Sie ist eine Erfahrung des Geistes. Man macht sie nur selten, solange man jung ist."

Du wirst festgestellt haben, daß ich im vorausliegenden Brief nicht viel von der *Geschlechtlichkeit* gesprochen habe. Dabei ist es so wichtig, daß wir als Mann und als Frau leben, immer als geschlechtsbestimmter Mensch, der auf den Gegenpol angewiesen ist. Indirekt habe ich allerdings schon von der Geschlechtlichkeit geredet, wenn ich von Leibhaftigkeit, Erotik oder von Ganzheit sprach. Ich bin überzeugt, daß die Geschlechtlichkeit zur Liebe gehört. Sie darf aber auch nicht für sich allein stehen, von der Liebe, vom Geist isoliert werden. Geschlechtliche Verbindung und Zuwendung sind Ausdruck, Zeichen, konkrete Erfahrung von etwas anderem: von der Liebe, die zwischen zwei Menschen besteht. Geschlechtlichkeit ist das „Spielzeug", mit dem die Liebe spielt. Als solches kann sie nicht genug geschätzt werden. Und wahrscheinlich müssen wir noch viel tun, um eine Kultur des Geschlechtlichen zu entdecken. Denn die vergangenen Jahrhunderte haben diesen Aspekt unseres Lebens kaum zugelassen. Auf der anderen Seite: Wenn die Geschlechtlichkeit von der Liebe getrennt wird, wird der geschlechtliche Ausdruck Selbstzweck, Technik, geistloses Tun und entwürdigt den Partner zur bloßen Sache.

Das wollte ich Dir als Nachtrag zum letzten Brief noch sagen.

1. Umfassende Liebe

In diesem Brief möchte ich betonen, daß die Liebe – eben weil sie Liebe ist – umfassend, universal ist. Sie kann sich *nicht nur auf den Menschen beziehen,* sondern wird auch die ganze Welt, die Natur und die Tiere umfassen. Als Franz von Assisi eine tiefe Gotteserfahrung gemacht hatte, drängte es ihn, den Sonnengesang zu dichten, dieses wunderbare Gedicht auf die Schöpfung. In diesem Zusammenhang sagte er: „Wir gebrauchen die Natur täglich und können nicht ohne sie leben. Und doch verletzt die Menschheit gerade durch sie immerzu den Schöpfer." Es besteht ein notwendiger Zusammenhang zwischen der Natur und Dir. Du kannst nur leben, wenn Du Dir bewußt machst, daß Du *„von der Erde genommen"* (Gen 2,7) bist. Wenn Du diese Beheimatung in der Erde vergißt, Deine Wurzeln in der Erde nicht immer wieder begießt, wenn Du Dich von ihr losreißt, dann wirst Du bald einmal Dein Inneres verlieren, die Seele, das Leben. Darum ist es wichtig, Dir Gedanken zu machen, wie Du Deine Umwelt lieben und wie Du sie zu einem bestimmten Element Deines *Lebensstils* machen kannst.

2. *Franz von Assisi*

Du wirst begreifen, daß ich Dir etwas von Franziskus erzählen möchte. Denn in ihm wurde ein anderes Verhalten zur Natur und zur Umwelt greifbar, als es normalerweise üblich ist. Vielleicht hast Du auch schon davon gehört, daß es viele Wissenschaftler, Denker und Schriftsteller gibt, die unsere verkarrte Umweltsituation, das Waldsterben, die Luftverschmutzung, die hemmungslose Ausbeutung der Natur, den Absolutheitsanspruch der Ökonomie usw. auf ein Mißverständnis der jüdisch-christlichen Tradition zurückführen. Sie behaupten, der Schöpfungsbericht sei allzu wörtlich genommen worden: „Machet euch die Erde untertan!" (Gen 1,28). Der Mensch hätte sich in der Folge aus der Einheit mit der Natur, von seiner Herkunft aus der Erde gelöst, sich über sie gestellt und als Herr aufgespielt, der mit der Natur willkürlich und rücksichtslos umgehen kann. Franziskus dagegen hätte sich als Bruder verstanden, hätte sich nicht von der Erde abgesetzt, sondern sich mit den Geschöpfen, die er Brüder und Schwestern nannte, solidarisiert. Deshalb solle er der Patron der Ökologie sein.

So möchte ich Dir einfach einmal berichten, möglichst konkret und mit Hilfe der frühesten Quellen, wie Franziskus der Schöpfung begegnet ist: Ich möchte Dir nochmals sagen, daß Franziskus den *Sonnengesang* gedichtet hat, in dem er *alle Dinge Bruder und Schwester* nennt, die Sonne, den Mond und die Sterne, den Wind und das Wasser, das Feuer und die Erde, den Tod und das Leben.

Franziskus gab diesen *Brudernamen allen Tieren,* auch den wildesten, z. B. dem Wolf, obgleich er selbstverständlich das Lamm und alles Sanfte mit großer Vorliebe bedachte. Es ist sicher bemerkenswert, daß Franz von Assisi auch *den Vögeln und den Fischen predigte,* weil er das Evangelium ernst nehmen wollte, das den Aposteln ausdrücklich befahl, „allen Geschöpfen" (Mk 16,15) zu predigen. Franziskus sprach mit Grillen, Hasen, Schafen, Falken usw., hielt mit ihnen Umgang, als wären es gute Freunde.

Wenn ich Dir nachstehend einige Dinge erzähle, dann mußt Du besonders achten auf die *Zärtlichkeit,* die alles erfüllt, auf die *Ehrfurcht,* die ihn bis in die Fingerspitzen hinaus prägt, auf die *Poesie,* die über allem waltet. Du wirst für all das nur Verständnis haben, wenn Du etwas von einem Verliebten an Dir hast, oder von einem Kind, das noch staunen kann, oder von einem Dichter. Aber vielleicht müßten wir alle Verliebte, Kinder, Dichter werden, um der Natur ihren Zauber zurückzugeben und die Substanz des Menschlichen zu retten.

Wenn Franziskus seine Hände wusch, dann wählte er den Ort, an dem er das tat, so, daß er das *Wasser* nicht mit seinen Füßen betreten und möglicherweise verletzen mußte, diese „nützliche, demütige, kostbare, keusche" Schwester. Auf *Felsen* ging Franziskus nur auf leisen Sohlen, aus Liebe zu Jesus, der in der Bibel „Fels" genannt wird.

Wenn Brüder zum Holzen gingen, wies Franziskus sie an, die *Bäume* zu schonen, nur einen Teil abzuholzen oder ein Stück eines Baumes stehen zu lassen, damit er noch Hoffnung haben könne. Den Gärtnern befahl er, nicht die ganze Erde in Kulturland zu verwandeln, sondern ein gutes Stück Wiesland zu lassen, damit *Kräuter und Blumen* wachsen konnten zur Freude der Menschen. „Mit *Leuchten, Fackeln und Kerzen* ging er vorsichtig um, denn er wollte mit seiner Hand nicht ihren Glanz trüben, der ein Schimmer des ewigen Lichtes ist" (2 Celano 165). *Würmer* hob Franziskus von der Straße weg, damit sie nicht zertreten würden, besonders weil sie ihn an Christus erinnerten, der „kein Mensch war, sondern ein Wurm, der (von den Machthabern) zertreten" wurde. *Bienen* setzte er Honig hin oder vom besten Wein, damit sie nicht umkämen, wenn es kalt und Winter würde. *Schafe,* die man zum Schlächter brachte, kaufte er, um sie vom Untergang zu retten. Für *Weihnachten* wollte Franziskus vom Kaiser ein Gesetz erwirken, daß alle Tiere genug Heu und Stroh und alle Vögel Körner bekämen.

Vom *Feuer* werden besonders viele Geschichten erzählt. Einmal sagte Franziskus:

„Am Morgen, wenn die Sonne aufgeht, muß jeder Mensch Gott loben, der sie geschaffen hat, denn durch sie werden unsere Augen tagsüber erhellt; am Abend, wenn es dunkel wird, muß jeder Mensch Gott loben wegen eines anderen Geschöpfes: wegen Bruder Feuer, der unsere Augen in der Nacht hell macht. Denn wir alle sind blind, und Gott macht unsere Augen hell durch diese beiden Geschöpfe" (Bigaroni 83).

Als Franziskus mit einem glühenden Eisen an den Schläfen operiert werden mußte, sagte er:

„‚Mein Bruder Feuer, unter vielen Geschöpfen, die der Herr schuf, bist du vornehm und nützlich. So sei mir in dieser Stunde wie ein guter Gentleman, denn schon immer habe ich dich geliebt und liebe dich auch jetzt noch mit der Liebe, mit der Gott dich geschaffen hat. Ich bitte den Schöpfer, der dich gemacht hat, daß er deine Hitze mäßige, und ich sie ertragen kann.' Und nachdem er gebetet hatte, machte er ein Kreuzzeichen über das Feuer" (Bigaroni 86).

Umgekehrt konnte Franziskus einen Bruder bitten, der ein Feuer löschen mußte: „Geliebtester Bruder, tu dem Feuer nicht weh!" Ein anderes Mal weigerte sich Franziskus mitzuhelfen, ein Feuer zu löschen, das seine Zelle verzehrte, ja, er hatte sogar ein schlechtes Gewissen, weil er ein Fell aus der brennenden Hütte rettete, statt es dem Feuer zu gönnen. Ein brennendes Holzscheit durfte nicht auf den Boden geworfen werden; ganz behutsam sollte man es auf den Boden legen, aus Ehrfurcht gegenüber Gott, dessen Geschöpf das Feuer ist. Wie eine Zusammenfassung tönt folgendes Zitat:

„Wenn er eine große Anzahl von *Blumen* fand, predigte er ihnen und lud sie zum Lob des Herrn ein, gleich als ob sie vernunftbegabte Wesen wären. So erinnerte er auch *Saatfelder* und *Weinberge, Steine* und *Wälder* und die ganze liebliche *Flur,* die rieselnden *Quellen* und alles Grün der *Gärten, Erde und Feuer, Luft und Wind* in lauterster Reinheit an die Liebe Gottes und mahnte sie zu freudigem Gehorsam. – Er nannte alle Geschöpfe „Bruder" und erfaßte in einer einzigartigen und für andere ungewohnten Weise mit dem scharfen Blick seines Herzens die Geheimnisse der Geschöpfe; war er doch schon zur Freiheit der Herrlichkeit der Kinder Gottes gelangt" (1 Celano 81).

Ich möchte nun versuchen, Dir einige Interpretationshilfen für die Dinge zu geben, die ich von Franziskus erzählt habe. Zunächst möchte ich Dich auf eine Unterscheidung aufmerksam machen, die mir selber sehr wichtig geworden ist: Die Geschöpfe sind zwar auch Gebrauchsgegenstände, sie haben aber vor allem einen Eigenwert und sind Bedeutungsträger.

3. Gebrauchsgegenstände

Daß die Dinge Gebrauchsgegenstände sind, ist klar. Darüber brauche ich eigentlich nicht viel zu sagen: „Wasser ist zum Waschen da, auch zum Zähneputzen kann man es benutzen" – so sang ein Schlager vor bald zwanzig Jahren. Dagegen ist eigentlich nichts einzuwenden.

Die Bedenken beginnen dann, wenn die Dinge nur noch zum Gebrauch da sind, wenn wir sie reduzieren auf den Nutzen, den sie für uns haben. Eben jetzt hat man in den Nachrichten gesagt, daß ein Land die Preisbindung für Erdöl aufgekündet hat. Man hat den Eindruck, daß man auch mit diesem Rohstoff wie mit allen anderen verantwortungslos umgeht. So als ob es darum ginge, in möglichst kurzer Zeit möglichst alles Erdöl zu fördern und möglichst viel Gewinn zu machen. Was aber passiert, wenn es kein Erdöl mehr gibt, keine Kohle? Was passiert, wenn alle Wälder abgeholzt oder sonstwie zerstört sind?

So möchte ich Dich einladen, Dir zu überlegen, was denn Du beitragen kannst, damit die Dinge nicht nur in ihrem Verbrauchs- und Gebrauchs-

wert erkannt werden. Auch Du hast ja mit Wasser
zu tun. Auch Du begegnest Blumen. Denk daran:
sie sind nicht nur zu Deinem Gebrauch geschaffen. Wenn jeder anfängt, den Gebrauch der Dinge
auf das Notwendigste einzuschränken, den Dingen ihren Eigenwert zu lassen und ihre Bedeutung
für das Ganze zu erkennen, dann können wir wieder Hoffnung haben.

4. Eigenwert

Wenn Du die obigen Erzählungen aufmerksam in
Dich aufgenommen hast, hast Du sicher festgestellt, daß für Franziskus jedes Ding einen Eigenwert hatte. Es gab für ihn kein Unkraut, das man
ausrotten mußte, sondern nur wilde Kräuter, denen man auch im Garten noch Raum geben soll.
Die Dinge waren ihm nicht einfach zuhanden:
Bäume sollte man, wenn überhaupt, wenigstens einen Meter über dem Boden absägen, damit sie
noch Hoffnung haben. Es gibt ein Existenzrecht
der Dinge, das vom Menschen zu respektieren ist.
Mit allem soll man reden, alles hat sein eigenes Gesicht, jedes Ding ist Bruder oder Schwester. Franz
war überzeugt, daß das Wasser und auch der Stein
leiden können durch den Menschen.
   Wenn ich diese Dinge erzähle, kommt oft der ra-
tionale Mensch von heute und sagt: aber wir können doch nicht wie Franziskus den Dingen begegnen. Wir müssen doch Nagelschuhe anziehen,
wenn wir in die Berge gehen. Und wie sieht es
denn aus, wenn wir Bäume so fällen, wie das den
Vorstellungen des heiligen Franz entspricht? Ich

entgegne dann jeweils, daß wir das doch nicht wörtlich nehmen müssen. Das ist doch alles Poesie, Symbol für eine grundsätzliche Haltung. Und diese Haltung ist auch heute noch gültig: Ich muß der Natur im ganzen und den Dingen im einzelnen personal begegnen. Es sind Geschöpfe, mit denen man reden muß. Blumen gedeihen, wenn wir uns mit ihnen abgeben. Sie verhalten sich nicht anders als das Kind, das verkommt, wenn es die Aufmerksamkeit, die es braucht, nicht erhält.

Bis in die Fußsohlen und in die Fingerspitzen hinaus solltest Du wie Franziskus von einer Ehrfurcht gegenüber der Natur erfüllt sein. Die Dinge sind nicht einfach Deiner Willkür anheimgegeben, nicht einfach tote Materie, die für Dich vor-handen, bzw. Dir zu-handen ist und darum beliebig manipuliert werden kann. Sie sind Dir Bruder, Schwester. Es gibt eine lange Tradition von Tierlegenden: Heilige, die wilde Tiere als Gefährten in ihrer Einsamkeit hatten. Wo es ein versöhntes Herz gibt, da zeigt sich das auch in einem versöhnten Verhältnis mit der Natur. So entdecke in allem, was Dir begegnet, das brüderlich-schwesterliche Antlitz.

5. Bedeutungsträger

Die Dinge sind aber außerdem – wie übrigens Du selbst – Bedeutungsträger, so etwas wie Sakramente, die das Ganze an einem konkreten Ort verdichten, die Gott zum Vor-Schein bringen, ohne daß sie ihn ganz und umfassend enthalten können. Ausdrücklich spricht Franziskus davon im Sonnengesang. Von der Sonne sagt er, daß sie „von Dir, Höchster, Bedeutung trägt" (de te altissimo porta significatione). Wir sollten das ruhig auf alles und jedes übertragen, auf die ganze Schöpfung und die einzelnen Dinge. Sie verweisen auf ihren Schöpfer. Franziskus glaubte, daß er mit Gott zu tun hatte, wenn er dem Wasser, dem Stein, dem Feuer begegnete. Das allerdings nicht in einem pantheistischen Sinn, also so, daß alles Gott ist oder ein Teil von Gott, sondern eben sakramental, d. h. so, daß der Unterschied zwischen Schöpfer und Geschöpf gewahrt bleibt.

Die Dinge tragen aber nicht nur Bedeutung von Gott, sondern vielleicht auch von einem lieben Menschen. Den Fuchs im „Kleinen Prinzen" erinnert jedes Kornfeld an die goldenen Haare des Freundes. Als ich in Afrika war, fand ich dort ein Buch M. Dauthendeys, eines deutschen Dichters um die Jahrhundertwende. Alles kündete ihm von dem geliebten Mädchen, das er in Deutschland zurückgelassen hatte. Du findest in den Elementen auch die Bedeutung von Dir. Die Dinge können etwas von Dir widerspiegeln. Sagen wir doch: der ist aber am Wasser gebaut; der ist aber Feuer ... So ist denn die Natur immer auch der Ort des Gedichtes, des Wiedererkennens, der großen Tiefenerfahrungen der Seele, des Träumens und Sinnierens, des Offenbarwerdens Gottes. Es kann immer wieder passieren, daß ein Ding das Ganze wird, Zeichen eines großen Zusammenhangs. Nur mußt Du Dich auf die Natur einlassen, vielleicht noch viel mehr, als Du es bisher getan hast.

6. Einheit der Geschöpfe

Franziskus betonte die Einheit der Geschöpfe. Wichtiger als zu unterscheiden zwischen Mensch, Tier, Pflanze und toter Materie, was wissenschaftlich ja durchaus seine Berechtigung haben kann, war ihm die Gemeinsamkeit, in der alle Wesen Geschöpfe Gottes sind. Ich muß es hier nochmals sagen: Immer wieder wird betont, wie Franziskus allem Bruder und Schwester sagte, wie er mit dem Feuer sprach und um seine Gunst bettelte, wie er die Blumen und Weinberge und alles aufforderte, Gott zu loben und auf ihn zu hören, wie er zu allem redete, als wären es Menschen, die verstehen können. Aber auch umgekehrt: Die Sonne machte das Auge des heiligen Franz hell, die Vögel hörten zu, die Grille leistete ihm Gesellschaft, die Lerche gab die Gebetszeiten an, das Lamm mahnte zur Messe, die Blumen trösteten ihn, alles rief ihm zu: „Gott hat mich deinetwegen gemacht, lieber Mensch", oder: „Der uns geschaffen hat, ist der Beste!" Die Lebensgefährten fassen zusammen:

„Es ist nicht verwunderlich, wenn das Feuer und andere Geschöpfe Franziskus verehrten: Wir, die bei ihm waren, haben gesehen, mit welch großer Betroffenheit und Liebe er die Geschöpfe liebte und verehrte. Und durch sie wurde er innerlich froh. Sein Geist wurde mit Zärtlichkeit und Mitleiden zu allen Geschöpfen erfüllt, so daß er verwirrt wurde, wenn jemand die Dinge ohne Ehrfurcht behandelte. So sprach er voll Begeisterung mit den Geschöpfen, als ob sie ein Gefühl für Gott hatten, verstehen und sprechen könnten. Und viele Male geriet er dabei in jenen Zustand der Betrachtung Gottes, in dem jedes Zeitgefühl schwand" (Bigaroni 86).

Zwischen Mensch und Natur besteht also ein „humanes", „menschliches" Verhältnis. Die Ebene der Begegnung mit allem und der Gemeinsamkeit aller Geschöpfe ist die menschliche Ebene, nicht eine untermenschliche, dionysisch-berauschende Natureinheit, in der der Mensch sein Gesicht verliert. Es gibt in Amerika eine theologische Richtung, welche das ökologische Problem löst, indem sie sagt: Der Mensch muß zurück zur Natur; er muß sich der Natur anpassen, selber wieder ein Stück Natur werden. Franziskus dagegen würde umgekehrt sagen: Wir sind Menschen, wir sind es in der Gemeinschaft mit der Natur, und alles kann reden, hören, fühlen, leiden wie der Mensch.

Ich denke, daß die franziskanische Auffassung von der Einheit alles Geschaffenen in unseren Lebensstil überführt werden sollte. Jedenfalls möchte ich Dich einladen, Dir Deine Gedanken dazu zu machen.

7. Christusbezogenheit

Noch etwas gehört zu diesem ökologischen Lebensstil: Die Christusbezogenheit. Sonst könnte ich ja nicht eigentlich von Spiritualität reden. Wenn man von einem unchristlichen, vielleicht bloß allgemein religiösen Standpunkt aus an Franziskus herantritt, könnte man alles im Sinne einer etwas romantischen Naturreligion deuten. Darum geht es aber nicht. Das Lamm, der Fels, der Wurm – alles erinnerte Franziskus an Jesus Christus und sein Schicksal. Es ist, als ob wir es bei Franziskus mit einem Verliebten zu tun hätten, der nur noch den Geliebten im Kopf hat und durch alles an ihn erinnert wird. Ich zweifle darum, ob Franziskus zu diesem Naturverständnis gefunden hätte, wenn er nicht vorher und ganz entscheidend Christus begegnet wäre. Es gibt sogar eine Stelle, in der Franziskus jede Gotteserfahrung ausdrücklich an Jesus Christus bindet (Erm 1). Auch der Biograph legt eine solche Deutung nahe, wenn er auf die besondere Situation hinweist, in der der Sonnengesang entstanden ist. Franziskus machte zunächst die Erfahrung äußerster Zerbrechlichkeit und Bedrohtheit (= infirmitas), von Resignation und geistiger Umnachtung (= tribulatio), eine Erfahrung, die ja geradezu als Kennzeichen unserer Zeit erkannt werden kann. Die zweite Erfahrung, die Franziskus machte, ist die Zuwendung Gottes, seine Barmherzigkeit, konkretisiert in neuer Kraft (= confortatio) und in neuer Gewißheit (= certificatio). Erst diese zweite Erfahrung machte ihm das großartige Gedicht über die Schöpfung, den Sonnengesang, möglich. Erst von der Zuwendung Gottes aus, vom Bruder Jesus her, können die Geschöpfe zu Brüdern und Schwestern werden.

Vollends gewiß wird die Voraussetzung des Christusgeheimnisses für den Schöpfungsglauben, wenn man auf jene Problemfelder hinweist, in denen das ökologische Bewußtsein schon ganz deutlich greifbar wird, allerdings in einem etwas anderen Sinn. Es gab zur Zeit des hl. Franz zwar nicht eigentlich eine großangelegte Verschmutzung der Natur, aber eine weitverbreitete Verschmutzung der Sprache und der religiösen Zeichen. Wörter, Sätze, Texte konnten im Dreck verkommen. Franziskus wollte, daß man das Wort, die Texte, Bücher nicht einfach herumliegen ließ, sondern aufhob und an einen Ort brachte, der dem Geheimnis gebührte. Er selbst konnte kein Wort ausradieren, wenn es einmal auf dem Papier stand. Denn auch die falschgesetzten, banalsten, heidnischsten und dreckigsten Worte enthalten, wie Franziskus sagte, die Buchstaben, mit denen man den Namen Jesus Christus, das Wort Gottes schreiben kann. Und es gab eine Verschmutzung der Zeichen, der Kirchen, Altäre, Altartücher und Hostien. Franziskus forderte auch hier ein gebührendes Verhältnis zwischen Zeichen und Bezeichnetem, d. h. Jesus Christus. Er war überzeugt, daß wir Menschen in dieser Welt vom unsichtbaren Gott nichts haben als Jesus Christus bzw. sein Wort und sein Zeichen. Von dieser Mitte aus las Franziskus die Schöpfung mit neuen Augen.

So steht denn die Ökologie in einem ganz bestimmten Verhältnis auch zu Deinem Glauben. Erst die Erfahrung der Versöhnung und der Zuwendung Gottes wird Dir die Welt, die Natur und alles, was darin ist, in einem neuen, kostbaren Licht erscheinen lassen.

Liebe Schwester, lieber Bruder, es wäre schön, wenn diese Erinnerung an Franz von Assisi zu einem franziskanischen Lebensstil führen könnte, in dem sich die Geschwisterlichkeit mit allem, was ist, widerspiegelt. Das wünsche ich von Herzen.

Brief 14

Kultur des Alltags

Liebe Schwester, lieber Bruder,

eigentlich sollte ich Dir auch noch etwas schreiben zum Thema „Gerechtigkeit und Frieden". Nachdem ich vom verantworteten Umgang mit der Natur und mit den Dingen gesprochen habe, wäre hier auch der Ort dazu. Es gibt so viele Themen, die mir wichtig sind. Auch die Dritte-Welt-Problematik. Ich muß mich beschränken. Ich möchte Dich nur noch darauf aufmerksam machen, daß die Probleme miteinander verflochten sind. Das Elend der Dritten Welt hat zu tun mit der Rüstungsspirale, die so lange kein Ende hat, als der Ost-West-Konflikt nicht abgebaut ist. Und beides hat wiederum zu tun mit einem umweltfeindlichen Lebensstil. Du findest die Offenheit für alles und jedes, wenn Du Dich nur tief genug in den Abgrund Gottes hineinwirfst. Mir ist ein Gedanke von A. Delp liebgeworden, den ich Dir nicht vorenthalten möchte.

„Die Menschen sind innerlich zerfallen, weil sie keinen Mittelpunkt mehr anerkennen, aus dem sie leben... (Sie) haben den Versuch einer peripheren Lebensgestaltung unternommen. Sie haben versucht, einen Teil an die Stelle des Ganzen zu stellen. Sie haben es versucht im persönlichen Leben, und sie haben es versucht im öf-

fentlichen und gemeinsamen Leben. Das Ergebnis liegt
vor: dieses zerfahrene und zerrüttete Leben, das heute
spürt, daß es keine Grundlage mehr hat, das laut und
vernehmlich davon spricht, daß es um seine Existenz
bangt und das nun verzweifelt um den Tod tanzt und
dabei vom Leben spricht und nach dem Leben schreit.
Wir brauchen die Geschichte nur ein paar Blätter um-
zudrehen, und wir sehen, warum wir heute unter dem
Gesetz des Todes stehen. Etappe um Etappe können
wir verfolgen, wie der Mensch sich wegschlich vom
Mittelpunkt des Lebens, von den Quellen des Lebens
und wie er sich draußen an der Peripherie ansiedelte.
Kirche – Christus – Gott gab man hin. Ein Versuch
jagt den anderen. Totale Wissenschaft, totale Wirtschaft, totale Politik; alles umsonst. Der Mensch selbst
ging zugrunde dabei. Und er wird so lange vor dem
Abgrund stehen und in sich diese Angst um sich selbst
nicht loswerden, bis er wieder heimkehrt, bis er wieder
Mittelpunkte anerkennt, die außer ihm und über ihm
liegen" (I 74).

Und an anderer Stelle: „Es muß eine Schicht Menschen geben, die das Ganze übersehen, um die Zusammenhänge wissen, die Verflechtungen kennen und die
Wirklichkeitsfülle in all ihren Erscheinungen bis in den
Grund verfolgt haben, in dem alles mit Gott zusammenhängt und von ihm getragen wird" (IV 314).

Du siehst also, wie ungeheuer wichtig für Dich
und die Welt die Verwurzelung in Gott ist. Wer
nicht einen Mittelpunkt außerhalb seiner kennt
und anerkennt, der wird bald einmal dem „Gotteskomplex" (H. E. Richter) verfallen. Das heißt: Er
wird sich für Gott halten, meinen, allmächtig zu
sein, wird früher oder später totalitär werden.
Darum gibt es so viele politische, wissenschaftliche (ökonomische, technische, medizinische ...),
religiöse (es ist leider so, daß sich auch die Religion absolut, d. h. über Gott setzen kann) und per-

sönliche Totalitarismen. Wenn Du diesen Mechanismus erkennst, dann wirst Du versuchen, Dich am Sonntag und am Werktag in jenen Abgrund zu versenken, der allein Dein Leben und das Leben der Welt ist.

Darum möchte ich nun etwas zum Thema machen, das mir wichtig scheint: die Verwurzelung Deines Alltags in Gott.

1. Der Alltag

Du wirst mir zustimmen, wenn ich sage: Der Alltag ist der Ort der Bewährung. Hier entscheidet sich, ob einer Christ ist. Und doch mache ich immer wieder die Erfahrung, daß man nur ungern in den Alltag zurückkehrt. Da kann man an Weekends wunderbare Gottesdienste feiern, tiefschürfende Gespräche führen, entscheidende Begegnungen haben, Gemeinschaft erleben und sich im Paradies wähnen. Aber man hat Angst vor dem Alltag, man zögert den Abschied hinaus. Vielleicht müßten wir unsere Wochenenden ein wenig anders gestalten, mehr Brücken zum Alltag hin schlagen. Denn das Eigentliche muß doch hier geschehen.

„Laß ruhig den Alltag Alltag sein ... Man kann und soll durch die hohen Gedanken des Glaubens und die Weisheit der Ewigkeit den Alltag nicht in einen Feiertag verwandeln. Er muß unversüßt und unidealisiert bestanden werden. Dann nur ist er gerade das, was er für den Christen sein soll: der Raum des Glaubens, die Schule der Nüchternheit, die Einübung der Geduld, die heilsame Entlarvung der großen Worte und der unechten Ideale, die stille Gelegenheit, wahrhaft zu lieben und getreu zu sein, die Bewährung der Sachlichkeit, die der Same der letzten Weisheit ist" (K. Rahner, 7 f.).

Wahrscheinlich wirst Du Dich erinnern, daß Du in einem früheren Brief – im Zusammenhang mit der Arbeit – bereits Ähnliches gelesen hast.

2. Kultur des Alltags

Wenn ich auch mit K. Rahner der Meinung bin, daß Alltag Alltag sein und bleiben soll, möchte ich Dich doch darauf aufmerksam machen, daß dieser Alltag Dein Alltag ist. Er wird so sein, wie Du ihn gestaltest. Es gehört ja zum Menschsein des Menschen, daß er den Dingen nicht einfach ausgeliefert ist, sondern daß er ihnen mit einer bestimmten inneren Einstellung, vielleicht sogar in großer Freiheit begegnet. Von jeher hat der Mensch versucht, die Natur, die Notwendigkeit und den Zwang menschlich zu gestalten (= Kultur). Dafür hat er ja Geist, der es ihm ermöglicht, sich über den Zwang zu erheben, der Natur einiges abzuringen für ein menschlicheres Leben und dafür entsprechende Rahmenbedingungen (z. B. Technik) zu schaffen.

Das grundsätzlich Menschliche, das Seelisch-Geistige, das Religiöse schafft Symbole auf der Ebene meines Leibes. Darum muß ich die leiblichen Vollzüge in ihrer Symbolhaftigkeit entdecken, um Mensch zu werden und Mensch zu bleiben.

3. Aufstehen und Zubettgehen

Das ist bereits beim *Aufstehen am Morgen* der Fall. Selbstverständlich kannst du einfach in den Tag hineinstolpern oder den Beginn des Tages verschlafen. Wenn das grundsätzlich immer der Fall wäre, müßtest Du um Deine Menschlichkeit bangen. Jeder Morgen will an jenen Moment erinnern, an dem Gott die ganze Welt aus der Nacht des Nichts ins Dasein rief. Er will Dich mit der Tatsache konfrontieren, daß der Mensch aus der Nacht der Erde zum Bewußtsein erwachte, als ihm Gott seinen Atem in die Nase blies. Er will Dich erinnern, daß Jesus am dritten Tage aus der Nacht des Grabes in das helle Licht des Lebens erweckt wurde. So gewährt *jeder Morgen einen neuen Anfang, neues Leben, ein Leben in der Gemeinschaft mit Gott.* Darum sollte der gläubige Mensch bewußt vollziehen, was im Symbol des Aufstehens mitausgesagt ist. Von jeher hat der Mensch diesen Augenblick in seiner religiösen Dimension erkannt. Der Übergang von der Nacht zum Tag kann mit Meditation, Gebet, Musik menschlich und christlich gestaltet werden.

In diesem Zusammenhang möchte ich Dich aufmerksam machen auf eine Gebetstradition, die bis heute andauert. Das kirchliche Stundengebet empfiehlt, jeden Morgen anzufangen mit dem Gebet: „Herr, öffne meine Lippen." Und ich würde gerne fortfahren: auch meine Ohren, mein Herz, meine Augen, mein Gesicht, mein ganzes Wesen. Was könnte menschlicher sein, als den Tag mit einer *ganzheitlichen Offenheit* zu beginnen. Das Neue, das Überraschende, das Unangenehme, aber auch das Alte, das immer Gleichbleibende, das Erfreuliche, dieser und jener Mensch, diese und jene Verpflichtung – allem kannst du dann mit neuer Kraft und in Freiheit begegnen.

Wie der Morgen kann auch das *Zubettgehen am Abend* menschlich und geistlich vollzogen werden. Zwar ist es auch hier möglich, daß Du einfach vor Müdigkeit ins Bett fällst. Aber ich denke, daß das nicht immer so sein dürfte. Seit jeher hat man im Schlaf auch ein *Symbol des Todes* gesehen. Auch das kannst du umgeben mit Gedanken, Gebeten, Riten. Du solltest diese abendliche Zeit nützen, um Dich von Deinen Mitmenschen innerlich zu verabschieden. Du solltest Dich von der Versklavung an Arbeit und Dinge lösen, loslassen, Dich und alles, was mit Dir zusammenhängt, Gott übergeben. Du mußt Bilanz ziehen und doch alles dem gnädigen Gott überlassen. Ich bin überzeugt, daß Du Deinen Alltag ganz anders erlebst, wenn Du den Morgen und den Abend in ihrer Symbolik erkennst und eine entsprechende geistliche Kultur entwickelst.

4. *Essen und Trinken*

Essen und Trinken sind selbstverständlich primär naturnotwendige Vollzüge. Du hast Hunger und mußt ihn stillen. Du hast Durst und mußt etwas trinken. Ohne Essen und ohne Trinken kann der Mensch nicht leben.

Doch sind Essen und Trinken weit mehr. Sie sind der Ort, an dem sich Mensch und Tier unterscheiden. Sie sollen darum nicht automatische, mechanische, also zwanghafte Abläufe sein. Du mußt versuchen, innezuhalten, zu realisieren, was Du tust, entdecken lernen, daß wir in einem großen Zusammenhang stehen, über das Essen und Trinken mit Menschen in Beziehung treten, die wir noch nie gesehen haben. Der Kaffee, den ich trinke, oder der Tee, an dem ich nippe – beide haben einen langen Weg gehabt, bis sie nun meinen Durst stillen können. Diese objektive Verkettung soll sich in Dankbarkeit und Teilnahme verwandeln. So wird Essen und Trinken zum *Symbol der menschlichen Schicksalsgemeinschaft.* Es ist auch ein *Symbol für Kommunikation.* Die Mahlzeiten sind Zeiten der gemeinsamen Erholung, des Gesprächs, der Gemeinschaft, des geteilten Lebens, der Gemeinsamkeit der irdischen und menschlichen Güter.

Beim Essen und Trinken wirst Du auch daran erinnert, wie abhängig du bist, grundsätzlich eingebunden in die Schöpfung, angewiesen auf *Lebensquellen* außerhalb von dir. Ich kann mich nicht aus mir selbst ernähren, muß eine Substanz einnehmen, die nicht ich bin. Das gilt biologisch, aber auch theologisch: Das Leben ist Dir gegeben, Du hast es nur in der Weise des Empfangens. So werden Essen und Trinken zum *Symbol Deiner Abhängigkeit von der Schöpfung und letztlich von Gott.* Und so weit es glückliche Erfahrungen sind, verweisen sie auf ein ewiges Erfülltsein, auf unablässigen Genuß, auf ein unverlierbares Glück, letztlich auf die Verheißungen Gottes. Diese vielfältige Symbolik mußt du Dir bewußt machen durch ein Innehalten vorher und nachher. Mir fehlt etwas, wenn ich nicht einen gemeinsamen Anfang mit

meinen Tischgenossen machen kann, wenn ich
nicht einen kurzen Aufblick zum Geheimnis des
Lebens tun darf.

Aber auch das Essen selbst sollte ein menschlicher Akt werden, etwas für das Gemüt, für das
Herz, für Aug und Ohr. Die Zusammenstellung
des Essens aufgrund von Farbe und Geschmack,
die Gewürze, die Gänge, das rituelle Geschehen
von Vorspeise, Hauptgang und Nachtisch usw. –
alles soll zu einem menschlichen Akt werden, in
dem Kultur und Kult zur Einheit zusammenwach-
sen. Ich möchte das betonen, weil ich feststelle,
daß die Kultur des Essens ebenso wie der Kult, mit
dem wir es umgeben können, immer mehr ver-
schwinden. Man muß einmal in Frankreich gewesen sein, um zu erkennen, welche Bedeutung das
Essen für die Menschlichkeit des Menschen hat.
Es gibt ein sehr schönes Franziskusbuch von einem französischen Mitbruder. Darin wird geschildert, wie ein Inquisitor zu den ersten Brüdern des
heiligen Franz kam. Er sollte untersuchen, ob sie
rechtgläubig oder häretisch seien. Nachdem er
einige Zeit bei ihnen war, die Gemeinschaft erfuhr
und mit ihnen aß und trank, konnte er nicht mehr
zweifeln an der Rechtgläubigkeit der Franziskaner. Denn wer an Gott glaubt, wird auch das schät-
zen, was er uns zu unserer Nahrung bereitstellt.
Diesen Zusammenhang von Essen und Glauben
hat Franziskus selbst geahnt, als er einen Vergleich
zog zwischen Essen und Beten. Wer das eine nicht
kann, kann auch das andere nicht.

Um diesen Zusammenhang wußte die ganze
christliche Tradition, selbst wenn sie fastete. Sie
wußte, daß Essen und Trinken symbolische Voll-

züge sind, in denen sich immer mehr ereignet als Essen und Trinken:

„... der Dichter durfte sagen: ‚Jeden zieht seine Lust‘, nicht die Notwendigkeit, sondern die Wonne; nicht der Zwang, sondern das Ergötzen ... Haben nur die körperlichen Sinne ihre Ergötzlichkeit? Bleibt der Geist ohne die ihm zukommenden Ergötzlichkeiten? Wenn der Geist keine ihm eigenen Ergötzlichkeiten hat, warum heißt es dann: ‚Die Menschenkinder aber ... werden trunken werden von dem Überflusse Deines Hauses, und mit einem Sturzbach von Wollust wirst du sie tränken; denn bei Dir ist die Quelle des Lebens, und in Deinem Lichte werden wir das Licht schauen‘? Denk dir einen Liebenden: der versteht, was ich sage; denk dir einen Sehnsüchtigen, denk dir einen Hungernden, denk dir in dieser Wüste einen Wanderer und Dürstenden und nach der Quelle des ewigen Lebens Lechzenden; denk dir einen solchen; der weiß, was ich sage" (Augustinus).

Mit anderen Worten: Nur wenn du weißt, was Essen und Trinken, Lieben und Leben bedeutet, wirst du einen Zugang zu den Verheißungen Gottes haben. Auch deswegen lohnt es sich, eine Kultur des Essens und Trinkens zu entwickeln.

5. Gehen, Sitzen, Liegen, Stehen

Wir tun viele Dinge, ohne daß wir die Symbolik entdecken, die dahinter steht. Und doch können wir ein erhebliches Stück Lebensqualität erspüren, wenn wir bewußt realisieren, was wir tun. Jede Körperhaltung drückt Grundsätzliches über unser menschliches Dasein aus.

Wenn Du *gehst*, könnte Dir bewußt werden, daß Du nicht Pflanze bist. Du bist nicht verurteilt, für immer am gleichen Ort zu bleiben. Du hast einen Ort, von dem Du herkommst, einen Weg unter Deinen Füßen, ein Ziel, worauf Du zugehst. Und doch benehmen wir uns oft wie unverrückbare Felsen oder wie festverwurzelte Bäume. Wir sollen aber anders sein, nämlich Menschen, die unterwegs sind und die nicht stillstehen dürfen, solange wir auf Erden sind. So ist es denn schön, die Schritte, die wir tun, bewußt zu tun, einen nach dem anderen meditativ nachzuvollziehen, fortzugehen, anzukommen. Wir sollten eine Kultur des Gehens entwickeln.

Wenn Du *stehst,* kann Dir bewußt werden, daß Du anders bist als die Tiere. Du bist ein Wesen mit einem aufrechten Gang. Du stehst zwar mit beiden Füßen auf dem Boden, aber Dein Kopf ist zum Himmel gereckt. Du bist keine Schlange, die auf der Erde kriechen muß, kein Hund, der mit der Schnauze immer dem Boden entlang läuft. Du bist ein Mensch, dessen Gedanken sich über alles erheben können und dessen Gestalt Würde fordert.

Wenn du *liegst,* kann Dir bewußt werden: Ich gehöre zur Erde, muß mich ausruhen, bin schwach, werde eines Tages nicht mehr aufstehen können.

Und wenn Du *sitzest,* dann weißt Du: ich darf ruhen, aber ich darf nicht sitzen bleiben...

So zeichnet sich unser Wesen ein in unseren Leib. Wir sollten uns immer mehr bewußt machen, was unser Leib uns sagt. Er ist unser Spiegel. Und es lohnt sich, hineinzuschauen.

6. Die kleinen unscheinbaren Dinge

In unserem Haushalt und an unserem Arbeitsplatz gibt es viele tausend kleine Dinge, über die wir so selten nachdenken und die viele so gar nicht mögen: Putzen, Geschirr spülen, abstauben… Es kann sein, daß die Dinge an sich sehr wenig Erfüllung bringen, aber im Hinblick auf andere, für die man sie tut, sehr viel Liebe enthalten. Ich glaube, es ist eine eigene Kunst, aus diesen Dingen ein Stück geistliche Kultur zu machen: einen Ausdruck der Liebe zum Ehepartner, zu den Kindern, zu den Eltern, zu den Freunden.

Kürzlich erschien im TAGESANZEIGER-MAGAZIN ein Artikel über das Abwaschen. Ich fand es interessant zu lesen, daß da Gespräche möglich sind, Begegnungen, die am Tisch noch nicht möglich waren. Gemeinsames Tun führt zusammen, erlaubt und ermöglicht Kommunikation. In diesem Zusammenhang möchte ich auch darauf hinweisen, daß die alten kontemplativen Gemeinschaften solche Dinge gerne taten, weil sie die Gedanken nicht wegzogen von dem Geheimnis Gottes, zu dem man sich gerufen wußte. Ich selbst tue solche Dinge gern, weil ich dabei meinen Gedanken nachhängen oder meditieren kann. Vielleicht ist das nicht für jeden und jede dasselbe. Aber ich möchte Dich doch einladen, gerade die banalen Dinge aus ihrer Banalität herauszuholen und sie mit einer gewissen Freude zu tun.

7. Singen, Feiern, Dichten, Lachen

Ich erinnere mich, daß vor Jahren ein junges Paar zu mir kam, das sich nach einem Jahr Ehe völlig zerstritten hatte. Meines Erachtens war der Grund ganz einfach der, daß die beiden wohl fähig waren, miteinander auf dem Motorrad irgendwo hinzufahren, nicht aber zu Hause beisammen zu sein. Wie wichtig ist es doch, einfach dasitzen zu können, Musik zu hören, eine Kerze anzuzünden, ein Gedicht zu lesen oder einen Roman, selbst zu dichten oder zu schreiben, zu singen und zu lachen, miteinander einfach zu plaudern, jemanden einzuladen, zu blödeln, sich selbsterfundene Geschichten zu erzählen, zu spielen, still zu sein oder ausgelassen – je nach Lust und Laune. Auf jeden Fall könnte der Alltag um einiges schöner werden, wenn wir uns der Fähigkeiten bewußt würden, die Gott in uns hineingelegt hat.

Besonders das Lachen hat es in sich, über vieles sich zu erheben, den Zwang zu erschüttern mit der Freiheit des Herzens. Es ist Dir sicher bekannt, daß gerade Diktaturen immer wieder zu Witzen und zum Lachen anregen. Wer lachen kann und sich ins Lachen einübt, wird die Schwere des Alltags ertragen und bewältigen können.

„Lacht! Lacht laut! Weinen ist auch eine Methode, aber Lachen ist eine viel wirksamere. Lacht nur, wenn ihr allen Ernstes danach strebt, die gegenwärtig unhaltbaren Zustände zu erschüttern. Lacht über die, die sich niederwerfen vor der Menge zeitgenössischer Götzen" (W. Brenni, in: Kranz 122).

„Oft tut sich im Lachen der Heiligen eine Distanzierung von der Welt und ihren Größen kund. Es ist das Lachen einer höheren Überlegenheit, die nicht daran

216

denkt, das ernst zu nehmen, was in der Welt ernstgenommen werden will. Das über den Dingen schwebende Lachen der hl. Teresa von Avila durchklingt ihre Briefe: ‚Wir haben sehr gelacht über…‘; ‚ich mußte laut lachen, als ich hörte…‘; ‚ich mußte über mich selbst lachen…‘ – diese häufigen Wendungen bekunden die Freiheit dieser herrlichen Seele, die von Leiden und Verfolgungen nicht gebeugt werden konnte. Gelegentlich schreibt sie in ihren Briefen ‚etwas zum Lachen‘, um die Adressaten aufzuheitern" (Kranz 120).

8. Wachsein und Schlafen

Noch etwas möchte ich Dir ans Herz legen. Du mußt fähig werden, wach zu sein und schlafen zu können. Beides ist wichtig, beides macht Dich zum Menschen. Beides liegt übrigens nicht auf derselben Ebene, was Du daraus entnehmen kannst, daß Wach*sein* ein Zustand ist, während Schlafen offenbar mehr eine Tätigkeit ist.

Du mußt also *wach* sein: für das, was in Dir selbst vorgeht; für das, was Dir in Deiner unmittelbaren Umwelt begegnet; für alles, was sich in der weiten Welt ereignet. Jede Minute und jeder Tag enthält für Dich einen Anruf. Davon ist auch das Schlafen nicht ausgenommen. Nicht von ungefähr meldet sich vieles ausgerechnet dann, wenn wir schlafen: im Traum. Wachsein gehört zu den wesentlichen Grundhaltungen des Christen. Du erinnerst Dich sicher an die klugen Jungfrauen in der Bibel, welche bis zum Morgen wachten, um die Ankunft des Bräutigams nicht zu verpassen (Mt 25). Das ist natürlich eine Bildrede, die uns sagen möchte: nur der wache Christ ist wirklich ein

Christ; jeden Augenblick kann das entscheidende Ereignis eintreten, das ich nicht verpassen darf; Tag und Nacht können zum Tag des Herrn und zur Nacht Gottes werden. Ich glaube, daß wir uns nicht einschläfern dürfen, daß wir uns vielmehr auf dem laufenden halten müssen über das, was passiert.

Auf einer anderen Ebene liegt, wie gesagt, das *Schlafen.* Wie das Wachsein ist auch der Schlaf ein Ausdruck des Glaubens. Niemand hat das besser gesagt als der französische Dichter Ch. Péguy:

Es muß, spricht Gott, eine Vertraulichkeit geben...
Da steckt ein Geheimnis. Es gelingt ihnen alles zu
    gut. Und doch sagt man mir,
Daß es Menschen gibt, die nicht schlafen.
Den liebe ich nicht, der nicht schläft, spricht Gott.
Der Schlaf ist der Freund des Menschen.
Der Schlaf ist der Freund Gottes.
Der Schlaf ist vielleicht meine schönste Schöpfung.
Und ich selber ruhte am siebenten Tage.
Wessen Herz rein ist, der schläft.
Und wer schläft, hat ein reines Herz...
Nun sagt man mir, daß es Menschen gibt,
Die gut arbeiten und schlecht schlafen.
Die nicht schlafen. Welch ein Mangel an Vertrauen in
    mich.
Fast schlimmer noch ist das, als wenn sie schlecht
    arbeiteten aber gut schliefen...
Ich rede von denen, die arbeiten und die nicht
    schlafen.
Ich bedaure sie. Ich rede von denen, die arbeiten...
Und gleichwohl den Mut, das Vertrauen nicht haben,
    nicht schlafen.
Ich bedaure sie. Ich bin ihnen gram. Ein wenig. Sie
    schenken mir kein Vertrauen.
Wie sich das Kind unschuldig bettet in den Arm
    seiner Mutter, so betten sie sich ja nicht
Unschuldig in den Arm meiner Vorsehung.

Sie haben Mut zu der Arbeit. Sie haben den Mut
   nicht zum Nichtstun.
Sie haben die Tugend der Arbeit. Sie haben jedoch
   nicht die Tugend des Nichtstun.
Sie können sich nicht entspannen. Sich ausruhen.
   Schlafen.
Die Armen, sie wissen ja nicht, was gut ist.
Sie lenken ihre Geschäfte ganz gut während des
   Tages.
Doch sie wollen mir nicht deren Lenkung anvertrauen
   während der Nacht.
Als ob ich nicht fähig wäre, sie eine Nacht lang sicher
   zu lenken.
Wer nicht schläft, ist untreu der Hoffnung.
Und das ist die größte Untreue.
Weil es die Untreue gegen den größten Glauben ist
   (144 f.).

Liebe Schwester, lieber Bruder, ich hoffe, daß
ich Dir einige geistliche Aspekte zum Alltag aufzeigen konnte. Ich bin auf jeden Fall überzeugt,
daß wir einen Auftrag haben, die Dinge menschlich zu gestalten und alles einzubeziehen in unseren Glauben.

Brief 15

Du und die Zeit

Liebe Schwester, lieber Bruder,

wenn es Dir gelingt, Dich im Alltag geistlich zu verstehen, dann haben diese Lehrbriefe ihr eigentliches Anliegen erreicht. Vielleicht überprüfst du einmal selbst, was Deinen ganz persönlichen Alltag ausmacht. Denn das gehört ja auch zum Alltag: daß kein anderer an der Stelle steht, an der Du stehst. Du hast die Sorgen, nicht ein anderer. Du leidest, nicht eine andere. Du mußt also die Kraft der Liebe und der Freiheit, Dein besänftigtes und versöhntes Herz zum Vor-Schein kommen lassen, damit mitten im Alltag das Wesentliche und Bleibende zum Ausdruck kommt.

Bei der Frage, was ich Dir zum Abschluß dieser Briefe noch sagen könnte, bin ich auf das Problem der Zeit gestoßen. Daß wir mit der Zeit unsere Probleme haben, ist ja inzwischen sprichwörtlich geworden. Man spricht von „Streß" und von „Hektik", von „keine Zeit haben", von „Zeit ist Geld". Und manchmal erschrecken wir darüber.

1. Das Geheimnis der Zeit

Vielleicht liest Du einmal das großartige Märchen von M. Ende über die Zeit (Momo). Hier gibt es Texte, die uns helfen könnten, unsere Zeit wiederzufinden: die Fähigkeit zu hören, dazusein, ohne auf die Uhr zu schauen.

„Es gibt ein großes und doch ganz alltägliches Geheimnis. Alle Menschen haben daran teil, jeder kennt es, aber die wenigsten denken je darüber nach. Die meisten Leute nehmen es einfach so hin und wundern sich kein bißchen darüber. Dieses Geheimnis ist die Zeit.

Es gibt Kalender und Uhren, um sie zu messen, aber das will wenig besagen, denn jeder weiß, daß einem eine einzige Stunde wie eine Ewigkeit vorkommen kann, mitunter kann sie aber auch wie ein Augenblick vergehen – je nachdem, was man in dieser Stunde erlebt.

Denn Zeit ist Leben. Und das Leben wohnt im Herzen" (57).

Was in der Folge dann von M. Ende erzählt wird, ist die unheimliche Geschichte von den Zeitdieben, die letztlich alles zerstören wollen. Hie und da frage ich mich, was davon in unserem Leben schon Wirklichkeit geworden ist. Denn wir arbeiten doch um ein Vielfaches weniger als unsere Vorfahren, hätten an und für sich Zeit gewonnen. Und doch hat man den Eindruck, daß keine Zeit da ist.

Es ist ja eine peinliche Gewohnheit geworden, von Zeit zu Zeit immer auf die Uhr zu schauen. Ich kann mich gut erinnern, wie einmal eine junge Frau in ihrer Not zu mir kam. Trotz guten Willens und Offenheit erreichte das Gespräch nicht jene Tiefe, die es hätte nehmen können, und zu einem zweiten Gespräch kam es gar nicht mehr. Nur weil ich – aus lauter Gewohnheit und ohne mir dessen bewußt zu sein – mehrmals auf die Uhr schaute. Ich hatte den Eindruck erweckt, daß mir die Zeit davonläuft, daß mir keine Zeit mehr bleibt. Ich habe an mir selbst erfahren, wie zerstörerisch eine falsche Einstellung zur Zeit sein kann. Vielleicht kannst du auf ähnliche Erfahrungen zurückblikken.

2. Hier und jetzt

Du bist gewohnt, die Zeit als Vorher und Nachher zu begreifen: Jetzt ist die Zeit zum Schreiben, jetzt die Zeit zum Beten, jetzt die Zeit zum Spülen. Immer ist Zeit für etwas. Es wäre schon viel, wenn die Zeit ganz ausgefüllt wäre durch das, wofür gerade jetzt die Zeit ist. Das wäre dann gefüllte Zeit – und Du würdest jetzt nicht schon an das denken, was nachher kommt. Du könntest aufmerksam mit jemandem reden, ohne schon an das zu denken, was Du nachher tun wirst. Ich denke, daß wir lernen sollten, die Zeit nur mit dem zu füllen, wofür jetzt Zeit ist. Das wäre erfülltes Dasein hier und jetzt und ein Aufscheinen der Ewigkeit, von der uns der gefüllte *Augenblick* eine Ahnung gibt.

Die gefüllte Zeit im Hier und Jetzt – das macht die Qualität Deines Lebens aus. Darum möchte ich Dir und mir etwas von der chinesischen Weisheit wünschen:

„Der chinesische Weise zum Abendländer:
Wenn du aufwachst, berechnest und planst du schon.
Wenn du frühstückst, sitzest du schon am Steuer
    deines Autos.

Wenn du fährst, bist du schon bei deiner Arbeit.
Und immer wartest du.
Du wartest auf das Arbeitsende, du wartest auf das
  Wochenende.
Am Wochenende fürchtest du dich vor dem Montag.
Und du, du Weiser?
Wenn ich aufwache, gebe ich mich damit zufrieden
  aufzuwachen.
Wenn ich esse, koste ich den Geschmack der Speisen
  aus.
Wenn ich gehe, gehe ich, und ich beschäftige mich
  mit dem Ziel, wenn ich dort angelangt bin.
Ich mache mir kaum Sorgen darüber, was später
  geschehen wird: ich lebe im Augenblick.
Ist das das Geheimnis deiner Ruhe und deiner
  Sicherheit, du Weiser?
In meinem Land nennen wir dies ‚Weg der Ruhe‘
  oder auch ‚Weg der Weisheit‘ "   (Bonvin 59 f.).

Der Augenblick ist die eigentliche Zeit, weil es
Deine und meine Zeit ist, die Zeit des erfüllten Da-
seins, der Geistesgegenwart und der Aufmerksamkeit. Was muß es für Maria ein großartiges
Erlebnis gewesen sein, als sie die „Zeit erfüllt" sah,
und ihre Zeit und die Zeit Gottes zusammentrafen:
Wie sie Aug' in Aug' dem Engel gegenüberstand,
wie die Ewigkeit sich in die Zeit senkte – für die
ganze Welt. Wir können, indem wir im Augen-
Blick leben, dem Gott begegnen, der uns sucht in
den vielen tausend Augenblicken des Alltags. Eine
alte Handschrift berichtet:

„Vor vielen hundert Jahren lebte in einem Kloster ein
Mönch. Der flehte mit allen Kräften, daß Gott ihn nur
etwas von den kleinsten Freuden des ewigen Lebens genießen lasse. Wie er nun eines Morgens nach dem Mor-
gengebet einen Spaziergang durch den Wald machte, da
sah er auf einem Baum einen kleinen Vogel. Der sang so
außerordentlich schön, daß der Mönch näher herantre-

223

ten mußte, um noch besser zu hören. Da vergaß er sich einen Augenblick. So gebannt war er von der herrlichen Stimme des Vogels. Als er wieder zu sich kam und ins Kloster zurückkehrte, fand er nichts mehr so, wie es vorher war. Er konnte keinen seiner Brüder erkennen. Auch diese erkannten ihn nicht. Man schaute dann in den alten Büchern nach und fand seinen Namen eingetragen in einem Register, das vor 300 Jahren geschrieben worden war. – Das ist die kleinste der Freuden, welche ein Mönch, der Gott schaut, schon auf dieser Erde genießen darf" (Löwen UB Ms A 24).

Ich möchte Dir wünschen, daß Du diese ganz andere Qualität der Zeit entdecken kannst, etwa in einem mittelalterlichen Kreuzgang, am Ufer des Sees oder auf dem Gipfel eines Berges, im Augen-Blick mit einem anderen Menschen. Doch vergiß nicht, dieses erfüllte Dasein zu verbinden mit den politischen Ereignissen, mit den Anforderungen, die an Dich herankommen. Du mußt da sein, wenn Dich ein Mensch ruft, eine Situation Dich nötig hat... Es gehört zu den Grundeinsichten der christlichen Tradition, daß es unwiederbringliche Augenblicke gibt, Chancen, die Du verpassen kannst (= „Kairos").

3. Verlorene Zeit

Du mußt Dir also bewußt machen, daß es eine verlorene Zeit gibt. Ich meine damit gerade nicht, daß die Zeit der Ruhe und der Erholung, die Zeit, in der Du nichts tust und an der Sonne liegst, verlorene Zeiten sind. Das gehört zum Menschsein des Menschen wie das Wasser zum Fisch. Zu den schönen Dingen in meinem Leben gehören die Geschichten, die man mir zuschickt und die ich gerne höre:

„Es waren einmal viele Tiere auf dem Wege zum Himmel. Ein Weiser mit dem gleichen Ziele schloß sich ihnen an und frug sie der Reihe nach nach ihrem Leben. Da zählte ein Fuchs seine Abenteuer auf; ein Eichhörnchen berichtete von seinem beweglichen Dasein; ein Hahn tat sich groß mit seinen Pflichten; ein Regenwurm murmelte dunkle Dinge; und ein Floh wußte viel Menschliches. Als es aber an der Eidechse war, zu reden, schwieg sie. Der Weise wartete, die Eidechse schwieg, der Weise gab ihr gute Worte, die Eidechse schwieg. Der Weise bot seine ganze Weisheit auf, die Eidechse schwieg noch immer. Schließlich, als sie schon dem Himmel nahe waren, züngelte sie ein bißchen, blinzelte einmal und sagte: ‚Ich habe mich gesonnt‘“ (Hellmut von Cube, Quelle unbekannt).

Nein, die Eidechse hat ihre Zeit nicht verloren, sondern ihre Zeit genutzt. Sie hat im Augen-Blick gelebt.

Was ich aber hervorheben möchte, ist die Tatsache, daß viele Menschen an den Tagesereignissen vorbeileben, daß sie die Nöte der Menschen nicht kennen, daß sie sich die notwendigen Informationen für verantwortetes Handeln nicht beschaffen. Immer wieder höre ich den Satz: „Ich habe keine Zeit.“ Ich habe den Eindruck, daß ihnen dieser Satz allzu leicht über die Lippen kommt. Es fehlt ihnen nicht die Zeit, sondern der Wille und das Interesse. Ich denke, daß die Zeit, die man für Informationen einsetzen müßte, aber nicht hat, verlorene Zeit ist, schuldhaft verlorene Zeit, verpaßte Chance, für die man sich einmal verantworten muß.

4. Vom Ineinander der Zeiten

Wie jeder Mensch weißt du, was vergangen ist, was hier und jetzt geschieht und was reine Zukunft ist. Du kannst ganz klar zwischen Vergangenheit, Gegenwart und Zukunft unterscheiden. Und doch meine ich, daß in uns noch etwas anderes steckt, das wir pflegen sollten: das Ineinanderfließen der Zeiten. Im Traum, im Dichten, im Beten und Glauben, in der Feier des Sakramentes, im Erzählen von Geschichten wirst Du erleben, daß Du frei wirst von den Fesseln der Gegenwart und vom Bann des gerade Aktuellen. Du wirst hineingerissen in das, was über der Zeit steht. So wirst du frei werden, Zeit zu gestalten, Geschichte aufzubrechen auf Neues hin und die Welt zu verändern. Du wirst nicht mehr Sklave der Zeit sein, sondern ihr Gestalter. Du wirst die Zeit bestimmen und nicht die Zeit Dich.

Ich glaube, daß dieses Ineinander der Zeiten für die Menschlichkeit des Menschen wesentlich ist. Der mittelalterliche Mensch hat auf den Bildern, die er malte, immer zwei, drei und mehr Szenen dargestellt. Das, was zu verschiedenen Zeiten geschah, konnte er gleichzeitig erleben und fühlen. Vielleicht kennst du die Geschichten der Chassidim. In ihnen finde ich immer wieder diesen Glauben, daß die Zeit nicht einfach nur diese Zeit ist, sondern auch jene.

„Eines Tages fanden sich ein Rabbi und sein Freund in der Hölle des Nationalsozialismus. Sie sollten über eine Grube springen, um sich zu retten, ein Befehl, der so unmöglich schien, daß der Freund sogleich aufgeben wollte. ‚Spira, all unsere Versuche, über die Gräben zu springen, sind sinnlos. Wir vertreiben den Deutschen und ihren Kollaborateuren, den Askari, nur *ihre Zeit* damit. Setzen wir uns in die Gruben und warten wir auf die erlösende Kugel, die unserer elenden Existenz ein Ende bereitet', sagte der Freund zum Rabbi. ,Mein Freund', antwortete der Rabbi, als sie auf die Gräben zugingen, ,der Mensch muß dem Willen Gottes gehorchen. Wenn der Himmel verordnet, daß Löcher gegraben werden, und uns ist befohlen zu springen, dann werden Löcher gegraben, und wir müssen springen. Und sollten wir – Gott behüte! – versagen und in die Gruben fallen, dann werden wir eine Sekunde später in das Reich der Freiheit eingehen. Deshalb, mein Freund, müssen wir springen.' Der Rabbi und sein Freund waren am Rand des Grabens angelangt, der sich im Handumdrehen mit Körpern füllte. Der Rabbi warf noch einen kurzen Blick auf seine Füße, die geschwollenen Füße eines 53jährigen, von Hunger und Krankheit gezeichneten Juden. Dann sah er seinen jungen Freund an, ein Skelett mit brennenden Augen. Nun schloß der Rabbi seine Augen und befahl mit einem machtvollen Flüstern: ,Wir springen!' Als sie ihre Augen öffneten, fanden sie sich auf der anderen Seite wieder. ,Spira, wir sind hier, wir sind hier, wir leben!' wiederholte der Freund immer wieder, während heiße Tränen aus seinen Augen hervorquollen. ,Spira, um deinetwillen lebe ich, wirklich, es muß ein Gott im Himmel sein. Sag mir Rabbi, wie hast du das gemacht?' *,Ich habe mich an den Taten meiner Vorfahren festgehalten. Ich habe mich festgehalten an den Rockstößen meines Vaters, meines Groß- und Urgroßvaters gesegneten Andenkens'*, sagte der Rabbi, mit seinen Augen den schwarzen Himmel über sich absuchend. ,Aber sag mir, mein Freund, wie bist du auf die andere Seite gelangt?' ,Ich habe mich an dir festgehalten', antwortete des Rabbis Freund" (Yaffa Eliach 23).

Es ist mir wichtig, daß wir dieses Ineinander der Zeiten wieder entdecken. Die Zeit ist nicht einfach ein Vorher, ein Jetzt und ein Nachher, nicht einfach eine Abfolge von zählbaren Zeiteinheiten, sondern die Gegenwart des Vergangenen und des Zukünftigen im Jetzt. Nur wenn wir diese ganz andere Zeitdimension wieder entdecken, werden wir gerettet.

5. Gotteszeit und Menschenzeit

Wie wichtig das Ineinander der Zeiten ist, wirst du gerade als Christ bestätigen können. Früher wurde jedes Evangelium in der Liturgie mit „in illo tempore" (in jener Zeit) eingeleitet. Weil man eben überzeugt war, daß jene Zeit in unsere Zeit eingehen muß. Dort ist etwas aufgeleuchtet, was hier und jetzt aktuell ist. Darum ist für uns die Betrachtung der Heiligen Schrift durch nichts ersetzbar. Unsere Menschenzeit soll mit der Zeit Gottes gleichförmig werden.

Was das bedeutet, kannst Du in einer Geschichte von Bruder Wachholder sehr gut erkennen. Der Bruder betrachtet vor einem reich geschmückten Altar das Weihnachtsereignis. Da wird die liturgische Zeit zu seiner Zeit, und zwar nicht nur innerlich, sondern in einer sehr konkreten Tat. Da kommt nämlich eine arme Frau und bittet um Hilfe. Bruder Wachholder sieht die silbernen Glocken, mit denen der Altar geschmückt ist. Sie sind für ihn überflüssig, er nimmt ein Messer, schneidet sie ab und gibt sie der Armen. Wie sollte er nicht, in der Zeit, in der Gott sich selbst arm gemacht hat, um den Armen alles zu sein?

6. Irritation der Zeit

Nun ist noch zu berichten, daß Bruder Wachholder seine Meditationszeit auf Wunsch des Sakristans auf die Essenszeit ausdehnte. Er sollte aufpassen, daß niemand kam und sich am Reichtum der Kirche bediente. Daß der Sakristan wütend war und auf die Suche nach den Glocken ging, ist verständlich. Ebenso daß er Bruder Wachholder beim Generalminister zur Rechenschaft zog. Dieser wies den Bruder vor allen Brüdern zurecht und steigerte sich dabei so in die Wut hinein, daß er heiser wurde. Doch weniger der Zorn als vielmehr die Heiserkeit kümmerte Bruder Wachholder. Er lief in die Stadt, um sich das Notwendige für eine Suppe zu kaufen, die er gegen die Heiserkeit des Generalministers kochen wollte. Und mitten in der Nacht brachte er ihm die Suppe, was diesen natürlich nochmals erzürnte. Als er nicht essen wollte, bat Bruder Wachholder, der Generalminister möge ihm das Licht halten, damit er die Suppe selbst essen könne.

Ich meine, daß hier sehr gut zum Ausdruck kommt, daß „jene Zeit" unsere eigene Zeit stören will. Während Bruder Wachholder die Konsequenz erkannte, welche in der liturgischen Zeit lag, und das einzig Richtige tat, wurden der Sakristan und der General irritiert bis zu Zorn und Heiserkeit. Bruder Wachholder erkannte in seiner Naivität auch, daß er diese Irritation noch schüren mußte, um dem Evangelium Resonanz zu geben. Wir müssen uns durch die liturgische Zeit in unserem Alltag stören lassen: Es gilt zu tun, was wir betrachten und feiern – auf die Gefahr hin, daß andere zornig werden.

7. Die Zeit der anderen

Nun ist noch etwas zu sagen zur Zeit der anderen. Ich stelle immer wieder fest, daß es auch das andere Extrem gibt: Menschen, die die Uhren abgelegt haben und nur noch nach ihrem ganz persönlichen Zeitgefühl leben wollen. Daß sie aber dann die Zeit der anderen beanspruchen, die auf sie warten müssen, ist ihnen nicht bewußt. Und doch ist die Rücksichtnahme auf die anderen von eminent geistlicher Dimension. Sie ist eine Gestalt der Liebe, offenbart Feinfühligkeit und Zartheit.

Freilich: es gibt die *Diktatur der Pünktlichkeit*. Und sie soll in einer christlichen Gemeinschaft nicht Raum haben dürfen. Wir sind keine mechanisch ablaufende Uhren, sind keine genau vorausberechenbaren Maschinen. Wir müssen dem Unvorhersehbaren Raum lassen.

Aber es gibt auch die *Diktatur des ewigen Zuspätkommens*. Immer muß man auf die Gleichen warten. Nie kann man anfangen. Die Zeit, die man da verliert, fehlt dann am Ende. Hier müßte, meine ich, eine Disziplinierung des eigenen Zeitempfindens erfolgen – aus Liebe zu den anderen, die zum Warten verurteilt sind.

Vielleicht ist es hier angebracht, einmal an den Sinn von Zeitmessung und anderen zeitlichen Konventionen zu erinnern. Ursprünglich war alle Zeitmessung sakral: Kirchenglocken gaben die Zeit an; das Stundengebet teilte den Tag ein; Vaterunser und Psalmen waren die kleineren Zeiteinheiten, an denen man sich orientierte. Ein Überbleibsel davon finden wir in den Regeln der alten Orden. Da wird gesagt, daß man beispiels-

weise zur Vesper 12 Vaterunser beten sollte. Gemeint ist aber die Zeit, die man braucht, um 12
Vaterunser andächtig zu beten, also ein Zeitmaß
für qualitatives Beten. Diese Angabe bedeutet
nicht, daß man ein ganz bestimmtes Quantum von
Gebetstexten möglichst rasch hinter sich bringen
soll. Leider hat man vergessen, daß damit ein Zeitmaß gemeint war, als man andere Methoden der
Zeitmessung einführte: die mechanische Uhr. Ich
kann mich erinnern, daß man uns im Noviziat bei-
gebracht hat, fünf Minuten vor der Zeit am Ort ein-
zutreffen, weil man ja nicht in einem Augenblick
von einer Zeit zur anderen umschalten kann. Ich
finde nach wie vor, daß diese Anweisung von großer Weisheit zeugt und wichtig ist für eine gute Gemeinschaft. Aber nicht nur für die Gemeinschaft,
sondern auch für den einzelnen Menschen. Denn
ich gebe damit kund: auf mich ist Verlaß, ich bin
da, wenn ich da sein muß. Auch hier zeichnet sich
etwas von meiner Disponibilität, von meiner
Liebe, von meinem Einfühlungsvermögen in die
Struktur der Zeit ab. Die Art und Weise, wie ich
mit der Zeit umgehe, ist das lebendige Symbol für
das, was ich bin.

8. Zeichen der Zeit

Noch etwas: Wir müssen auch mit *unserer* Zeit umgehen lernen. Ich habe den Eindruck, daß viele
Christen mehr in der Vergangenheit leben als in
der Gegenwart. Und doch wäre die Geistesgegenwart ein typisch christliches Kennzeichen. Der heilige Franz hat einmal gesagt: „Der Heilige Geist ist

der Generalminister (= der Obere) unserer Bruderschaft." Institutionen und Regeln, einmal ge-
troffene Entscheidungen können uns hindern, das
Hier und Jetzt als Anruf Gottes zu verstehen.
Darum müssen wir uns offenhalten für das, was
der Heilige Geist hier und jetzt sagen möchte. Und
das ist dann das Entscheidende, selbst wenn man
Institutionen verändern und frühere Entscheidungen rückgängig machen muß.

Seit dem letzten Konzil sprechen wir in der Kirche
von den „Zeichen der Zeit". Dieser Ausdruck ist –
geschichtlich gesehen – von entscheidender Bedeutung. Denn er bezeichnet die Wende von einer mehr
introvertierten, statischen Kirche zur mehr dynami-
schen, missionarischen Kirche an. Die Welt, in der
wir leben, ist die Chance, sich zu verwirklichen, seinen Namen zu finden, Ort der Gotteserfahrung,
Sprache, die Gott zu uns spricht. Das erfordert von
Dir und mir, von der ganzen Kirche, eine grundsätzliche Hörbereitschaft, eine „Zeitgemäßheit" unseres Lebens, eine Offenheit für die Ereignisse und
Tendenzen in der Welt.

Ich kann darum gut verstehen, wenn Kardinal
M. Pellegrino von einem Mangel an Glauben
spricht, der auch die höchsten Kreise der Kirche
erfaßt habe: „Die höchsten Verantwortlichen der
Kirche schauen nicht genügend mit offenen Augen
auf die Welt... Ich stelle einen Mangel an Wahrnehmung der Zeichen der Zeit fest." Du und ich,
wir alle müssen uns fragen, ob wir genügend Offenheit für die Sprache des Geistes bzw. für die
Zeichen der Zeit haben.

Mich hat betroffen gemacht, daß man so weit
kommen muß, von einem „ekklesialen Atheismus"

232

zu sprechen. P. M. Zulehner sieht diese kirchliche Gottlosigkeit in folgenden Phänomenen:

> „…unsere Ängstlichkeit, unser Sitzen auf Geld und Bürokratie, der Umgang unserer Kirche mit ihrer Arbeitgebermacht, das Zögern in der ökumenischen Bewegung, die Unwilligkeit, in der Rüstungs- und Friedensfrage markantere Positionen zu beziehen, darin unser Opportunismus, die Versuchung, aus der Angst um die Mitgliederzahlen eine Gefälligkeitskirche zu werden, die Scheu, prophetisch Widerstand zu leisten, die Berührungsangst mit allem, was fremd ist, damit die Unfähigkeit, aus den Zeichen der Zeit zu lernen, und damit wiederum verbunden die beklemmende Zurückhaltung von Kirchenverantwortlichen, neue Wege zu riskieren, was die Arbeit und die Gestalt der Kirche betrifft. Ekklesialer Atheismus findet sich auch im Umgang der Kirche mit ihren eigenen Charismen, im Mißtrauen gegenüber diesen, in der Unlust, wahre Partizipation des Volkes zu fördern, auch wenn durch einen solchen Prozeß sich der Stil der Amtsausübung ändern müßte. Ekklesialer Atheismus ist enthalten in der permanenten Versuchung der Kirche, eine möglichst perfekte Expertenkirche zu sein, wobei die vielfältigen pastoralen Experten der Versuchung nicht genug widerstehen, statt das Volk und dessen Gottesverwurzelung sich selbst zu fördern" (172).

Ich möchte Dich und mich nochmals zur Frage anstiften, ob diese schreckliche Verschlossenheit gegenüber Gott und seinem Wirken in der Zeit nicht gerade auch für uns zutrifft.

Liebe Schwester, lieber Bruder, ich bin froh, am Ende dieses Briefes an den Heiligen Geist zu denken. Er ist die motivierende Kraft unseres Lebens. Spiritualität ist letztlich die ständige Beweglichkeit gegenüber den Anstößen und Inspirationen des guten Geistes Gottes. Diese Offenheit und Bereitschaft wünsche ich Dir für Dein ganzes Leben.

Literatur

Weiterführende Literatur wird für die verschiedenen Lehrbriefe gesondert angeführt. Als wissenschaftliche Grundlage sei auf das von mir herausgegebene vierbändige Werk verwiesen, das nur noch bei mir bezogen werden kann:

Seminar Spiritualität:

Band 1: Geist wird Leib. Theologische und anthropologische Voraussetzungen des geistlichen Lebens, Zürich 1979.

Band 2: Geist und Geistesgaben. Die Erscheinungsformen des geistlichen Lebens, Zürich 1980.

Band 3: Geist und Welt. Politische Aspekte des geistlichen Lebens, Zürich 1981.

Band 4: Geist und Kommunikation. Versuch einer Didaktik des geistlichen Lebens, Zürich 1982.

Zu Brief 1

D. Mieth, Wiederbelebung von Spiritualität? in: Orientierung 50 (1986) 51–54.

A. Rotzetter, Theologie und Spiritualität II, in: Franziskanische Studien 66 (1984) 141–152.

–, Selbstverwirklichung des Christen, Zürich 1983.

H. Waldenfels, „Spiritualität". Zur „Wahrnehmung des Geistes" und zur „Unterscheidung der Geister", in: M. Böhnke/ H. Heinz (Hrsg.), Im Gespräch mit dem dreieinen Gott. Elemente einer trinitarischen Theologie, Düsseldorf 1985, 376–398.

Zu Brief 2

K. S. Frank, Grundzüge der Geschichte des christlichen Mönchtums, Darmstadt 1975.

Lebendige Seelsorge. Askese. 35 (1984) Heft 1.

N. Postman, Wir amüsieren uns zu Tode. Urteilsbildung im Zeitalter der Unterhaltungsindustrie, Frankfurt 1985.

D. Sölle, lieben und arbeiten. Eine Theologie der Schöpfung, Düsseldorf 1985.

234

H. Treiber/H. Steinert, Die Fabrikation des zuverlässigen Menschen. Über die „Wahlverwandtschaft" von Kloster- und Fabrikdisziplin, München 1980.

Zu Brief 3

P. Bonvin, Warmer Regen auf trockenes Land. Wege zum meditativen Beten, Zürich 1984.
A. J. Heschel, Der Mensch fragt nach Gott. Untersuchungen zum Gebet und zur Symbolik, Neukirchen 1982.
W. Johnston, Spiritualität und Transformation. Erneuerung aus den Quellen östlicher und westlicher Mystik, München 1986.
P. Mommaers, Was ist Mystik?, Frankfurt 1979.
A. Rotzetter, Wenn du beten lernen willst. Meditationskassette, Zürich – Freiburg 1981.
–, Gott, der mich atmen läßt. Gebete, Freiburg 1985.
Heinrich Seuse, Büchlein von der Ewigen Weisheit, Wil 1966.
J. Sudbrack (Hrsg.), Das Mysterium und die Mystik. Beiträge zu einer Theologie der christlichen Gotteserfahrung, Würzburg 1974.
J. Sudbrack, Komm in den Garten meiner Seele. Einführung in die christliche Mystik, Gütersloh 1979.
–, Auf Gott hin ausgespannt. Der Weg des Meditierens, Freiburg 1983.
S. Weil, Zeugnis für das Gute. Traktate, Briefe, Aufzeichnungen, Olten 1976.

Zu Brief 4

S. Cassidy, Ich habe den Mut zu glauben. Bericht einer Lebenswende, Zürich 1985.
O. Keel, Die Bibel mischt sich ein. Predigten und „Wort zum Sonntag", Zürich 1984.
–, Politisches in der Predigt, in: Orientierung 49 (1985) 251–256.
W. Kellner, Der Traum vom Menschensohn. Die politisch-theologische Botschaft Jesu, München 1985.
W. Hartmann, Biblische Konkretionen, Stuttgart – Berlin 1970.
A. Rotzetter, Plädoyer für eine prophetisch-politische Spiritualität, in: Geist und Leben 59 (1986) 6–19.
–, Orden und Initiativen zwischen Bekenntnis und Protest – Für eine Spiritualität weltweiter Verantwortung, in: Ökumenische Initiative Eine Welt, Juli 1986.

Zu Brief 5

H. Cox, Das Fest der Narren. Das Gelächter ist der Hoffnung letzte Waffe, Stuttgart 1971.

D. Sölle, Die Hinreise. Zur religiösen Erfahrung. Texte und Überlegungen, Stuttgart 1975.

–, Fürchte dich nicht – der Widerstand wächst. Gespräche in Holland – Begegnung mit Helder Camara – Dorothy Day und USA, Zürich 1982.

Zu Brief 6

W. Bruners (Hrsg.), Alltag und Spiritualität, Geistliche Tagebücher, Düsseldorf 1985.

G. Greshake, Priestersein. Zur Theologie und Spiritualität des priesterlichen Amtes, Freiburg [4]1985.

N. Lohfink, Kirchenträume. Reden gegen den Trend, Freiburg [4]1984.

A. Rotzetter, Die Gegenwart Gottes in der Welt und die Herrschaft der Kleriker. Ein ideologiekritischer Beitrag zum kirchlichen Amtsverständnis aus franziskanischer Sicht, in: Franziskanische Studien 63 (1981) 188–202.

H. Schürmann, Die Mitte des Lebens finden. Orientierung für geistliche Berufe, Freiburg 1979.

F. Steffensky, Feier des Lebens, Spiritualität im Alltag, Stuttgart 1984.

P. Wess, Befreit von Angst und Einsamkeit. Der Glaube in der Gemeinde, Graz 1973.

–, Ihr alle seid Geschwister, Mainz 1983.

W. Wessel/R. Kellerhof, Faszination Gemeinde. Erfahrung, Besinnung, neue Impulse, Freiburg [2]1981.

R. Zerfaß, Menschliche Seelsorge. Für eine Spiritualität der Priester und Laien im Gemeindegottesdienst, Freiburg 1985.

Zu Brief 7

H. U. von Balthasar, Einfaltungen. Auf Wegen christlicher Einigung, Einsiedeln 1985.

W. Bruners (Hrsg.), Alltag und Spiritualität. Geistliche Tagebücher, Düsseldorf 1985.

P. Dätwyler (Hrsg.), Not-Wendigkeiten. Auf der Suche nach einer neuen Spiritualität, Zürich 1985.

Diakonia. Tradition, 17 (1986) Heft 2.

E. Drewermann: Alle seine Bücher müssen hier genannt werden.

B. Lang, Das tanzende Wort. Intellektuelle Rituale im Religionsvergleich, München 1984.

M. L. Kaschnitz, Griechische Mythen, Hamburg 1972.

H. Rahner, Griechische Mythen in christlicher Deutung, Basel 1984.

U. Schaffer, Ich ahne den wechselnden Weg. Im Tagebuch sich selbst begegnen, Stuttgart 1985.

Zu Brief 8

D. Berrigan, Die dunkle Nacht des Widerstandes, Limburg 1972.

–, Im Turm zu Babel ist der Aufzug kaputt. Biblische Geschichten aus der neuen Welt, München 1977.

–, Zehn Gebote für den langen Marsch zum Frieden, Stuttgart 1983 (auch München 1985).

G. Borné, Bergpredigt und Frieden, Olten 1982.

J. W. Douglass, Wie ein Blitz von Ost nach West. Eine Ermutigung zum menschlichen Da-Sein. Jesus, Gandhi und das Atomzeitalter, München 1986.

T. Goritschewa, Von Gott zu reden ist gefährlich. Meine Erfahrungen im Osten und im Westen, Freiburg 1985.

R. G. Hunthausen, Abrüstung – herausgeforderter Glaube, in: Orientierung 46 (1982) 25–27.

Kreuz kontra Krieg. Die Brüder Berrigan, München 1971.

P. Noll, Gedanken über Unruhe und Ordnung, Zürich 1985.

S. Regli, Ordensleben als Zeichen in der Kirche der Gegenwart. Eine pastoraltheologische Untersuchung, Freiburg/Schweiz 1970.

A. Rotzetter, Die Zeichen der Zeit in franziskanischer Interpretation, in: L. Boff/W. Bühlmann, Baue meine Kirche auf. Franziskanische Inspirationen aus der Dritten Welt, Düsseldorf 1983, 25–39.

F. Wulf u. a. (Hrsg.), Nachfolge als Zeichen. Kommentarbeiträge zum Beschluß der Gemeinsamen Synode der Bistümer in der Bundesrepublik Deutschland über die Orden und andere geistliche Gemeinschaften, Würzburg 1978.

D. Sölle, Im Hause des Menschenfressers. Texte zum Frieden, Reinbek/Hamburg 1981.

H. Spaemann, Ehe es zu spät ist. Ein Appell, München 1983.

Zu Brief 9

L. Boff, Zärtlichkeit und Kraft. Franz von Assisi mit den Augen der Armen gesehen, Düsseldorf 1983.
– /W. Bühlmann, Baue meine Kirche auf. Franziskanische Inspirationen aus der Dritten Welt, Düsseldorf 1983.
B. Charlemagne, Ein Kamel im Nadelöhr. Die Abenteuer eines Lebens mit den Armen, Düsseldorf 1981.
M. Mollat, Die Armen im Mittelalter, München 1984.
J. Roth, Zeitbombe Armut. Soziale Wirklichkeit in der Bundesrepublik, Hamburg – Zürich 1985.
A. Rotzetter, Die Entscheidung des heiligen Franz für die Armen. Zum kirchlichen und gesellschaftlichen Ort der franziskanischen Lebensform, in: Franziskanische Studien 64 (1982) 27–53.
–, Franz von Assisi und die Kirche der Armen, in: Geist und Leben 56 (1983) 252–261.
–, Der Fall Boff im Rahmen der franziskanischen Tradition, in: Geist und Leben 58 (1985) 350–360.
R. H. Strahm, Warum sie so arm sind. Arbeitsbuch zur Entwicklung der Unterentwicklung in der Dritten Welt mit Schaubildern und Kommentaren, Wuppertal 1985.
G. Wallraff, Ganz unten, Köln 1985.

Zu Brief 10

M. Delbrêl, Wir Nachbarn der Kommunisten, Einsiedeln 1975.
C. Formaz, Gnade zur Reise. Ein Tagebuch in den Tod, Einsiedeln 1982.
R. Garaudy, Menschenwort. Ein autobiographischer Bericht, Wien – München – Zürich 1975.
P. Noll, Diktate über Sterben und Tod. Mit Totenrede von M. Frisch, Zürich 1984.
E. Stein, Kreuzeswissenschaft. Studie über Joannes a Cruce, Louvain – Freiburg ³1986.
–, Die Frau. Ihre Aufgabe nach Natur und Gnade, Louvain – Freiburg 1959.
R. Tausch/A. Tausch, Sanftes Sterben. Was der Tod für das Leben bedeutet, Reinbek/Hamburg 1985.
S. Weil, Zeugnis für das Gute. Traktate, Briefe, Aufzeichnungen, Olten 1976.

Zu Brief 11

E. Fromm, Haben oder Sein. Die seelischen Grundlagen einer neuen Gesellschaft, Stuttgart 1976.

S. Galilea, Christ werden zur Befreiung. Persönliche Bekehrung und soziale Veränderung, Salzburg 1983.

O. von Nell-Breuning, Arbeitet der Mensch zuviel?, Freiburg 1985.

E. F. Schumacher, Small is Beautiful. Die Rückkehr zum menschlichen Maß, Reinbek/Hamburg 1985.

D. Sölle, lieben und arbeiten. Eine Theologie der Schöpfung, Stuttgart 1985.

Zu Brief 12

Aelred von Rieval, Über die geistliche Freundschaft, Trier 1978.

W. Dietrich, Ich spiele, also bin ich. Ein Seh-, Denk- und Lesebuch, Eschbach 1981.

G. Scherer, Spiritualität in der Ehe, in: A. Rotzetter, Geist und Geistesgaben. Die Erscheinungsformen des geistlichen Lebens in ihrer Einheit und Vielfalt (Seminar Spiritualität 2) Zürich 1980, 31–36.

D. Sölle, Lieben und arbeiten. Eine Theologie der Schöpfung, Stuttgart 1985.

J. Vanier, Gemeinschaft. Ort der Versöhnung und des Festes, Salzburg 1983.

Zu Brief 13

J. Bernhart, Heilige und Tiere, München 1937.

M. Lohmann, Gefährdete Zukunft. Prognosen angloamerikanischer Wissenschaftler, München 1970.

H. Mislin/S. Latour, Franziskus, der ökumenisch-ökologische Revolutionär, Hohenstaufen 1982.

A. Rotzetter, Der Sonnengesang als missionarisches Lied von aktueller Bedeutung, in: G. Hunold/A. Camps, Erschaffe mir ein neues Volk, Mettingen 1982, 44–61.

Zu Brief 14

A. Delp, Gesammelte Schriften 1–4, Frankfurt 1982.
D. Grégoire, L'enquêteur. François et ses frères. Récit, Paris 1981.
G. Kranz, Was Menschen gerne tun. Essen und Trinken – Singen und Lachen – Dichten und Denken – Lieben und Erkennen, München 1979.
L. Kretz, Der Reiz des Paradoxen bei Jesus, Olten 1983.
P. Lippert, Spiritualität des Alltags, Freiburg 1985.
Ch. Péguy, Das Mysterium der Hoffnung (1929), Wien – München ³1983.
K. Rahner, Alltägliche Dinge, Einsiedeln 1965.
H. E. Richter, Der Gotteskomplex. Die Geburt und die Krise des Glaubens an die Allmacht des Menschen, Reinbek 1979.

Zu Brief 15

R. Binding (Hrsg.), Die Blümlein des heiligen Franziskus von Assisi, Frankfurt/M. 1973 (Insel-Taschenbuch 48).
P. Bonvin, Warmer Regen auf trockenes Land. Wege zum meditativen Beten, Zürich 1984.
M. Ende, Momo oder die seltsame Geschichte von den Zeit-Dieben und von dem Kind, das den Menschen die gestohlene Zeit wiederbrachte. Ein Märchen-Roman, Stuttgart 1974.
M. Pellegrino, „Man hat nicht genügend Glauben an den Geist, der die Kirche leitet". Ein Gespräch mit dem früheren Erzbischof von Turin, in: Herder Korrespondenz 35 (1981) 338–342.
A. Rotzetter, Wenn du beten lernen willst. Meditationskassette, Zürich – Freiburg 1981.
–, Die Zeichen der Zeit in franziskanischer Interpretation, in: L. Boff/W. Bühlmann, Baue meine Kirche auf. Franziskanische Inspirationen aus der Dritten Welt, Düsseldorf 1983, 25–39.
Y. Eliach, Träume vom Überleben. Chassidische Geschichten aus dem 20. Jahrhundert, Freiburg 1985.
P. M. Zulehner, in: Erfahrungen mit Randchristen. Neue Horizonte für die Seelsorge (hrsg. von der Katholischen Glaubens-Information), Freiburg 1985.